经济管理理论与实践探索

傅日善　何艳萍　刘　璇　主编

中国民族文化出版社

北 京

图书在版编目（CIP）数据

经济管理理论与实践探索 / 傅日善，何艳萍，刘璇
主编 . -- 北京：中国民族文化出版社有限公司，2024.5（2025.6 重印）
ISBN 978-7-5122-1869-7

Ⅰ . ①经⋯ Ⅱ . ①傅⋯ ②何⋯ ③刘⋯ Ⅲ . ①经济管
理—研究 Ⅳ . ① F2

中国国家版本馆 CIP 数据核字 (2024) 第 085188 号

经济管理理论与实践探索
JINGJI GUANGLI LILUN YU SHIJIAN TANSUO

主　　编：傅日善　何艳萍　刘　璇
责任编辑：张　宇
装帧设计：刘梦杏
责任校对：杨　仙
出　　版：中国民族文化出版社
地　　址：北京市东城区和平里北街 14 号（100013）
发　　行：010-64211754　84250639
印　　刷：三河市同力彩印有限公司
开　　本：787mm×1092mm　1/16
印　　张：8.75
字　　数：150 千字
版　　次：2024 年 5 月第 1 版
印　　次：2025 年 6 月第 2 次印刷
标准书号：ISBN 978-7-5122-1869-7
定　　价：48.00 元

编 委 会

主　编　傅日善　何艳萍　刘　璇
副主编　刘永青　黄晓风　李　颖

PREFACE 前 言

全球化的浪潮席卷而来，不仅改变了商品和资本的流动方式，也深刻影响了文化、社会结构等多个层面。在这一背景下，经济管理作为社会发展的核心组成部分，其理论与实践的探索显得尤为重要。

本书从经济管理基础与理论依据入手，深入浅出地探讨了市场结构与行为、经济增长与经济发展的关系以及经济管理的现代化及发展趋势等重要议题。同时，本书还关注农村集体经济组织的发展与管理，详细阐述了农村集体经济组织的激励机制、管理对策以及财务管理工作。此外，农业经济的全产业链管理、农业经济管理的创新发展也是本书的重要内容。本书基于循环经济、知识经济和数字经济探究新经济时代下的经济管理实践，旨在为读者提供全面、深入的经济管理理论与实践知识，为推动我国经济管理事业的发展做出贡献。

本书在内容的组织上独具特色，它巧妙地结合了理论与实践，为读者提供了一个全面而深入的视角。书中涵盖了经济管理的多个重要领域，从基础理论的探讨到具体实践的分析，都进行了详尽的阐述。同时，本书特别关注了农业经济和农村集体经济的管理，这是一个在传统经济管理研究中相对较少被关注的领域。此外，书中还引入了新经济时代的相关内容，如大数据、数字经济等前沿话题，使得全书内容不仅具有深度，更具备了前瞻性，能够引领读者走在时代的前沿。

尽管笔者尽力确保本书的内容准确无误，但由于经济管理领域的复杂性和不断变化的特点，可能存在遗漏或不足之处。在此真诚地希望读者能够提出宝贵的意见和建议，以便在未来的修订中不断完善。

CONTENTS 目 录

第一章　经济管理基础与理论依据

本章深入探讨市场结构与行为分析、经济增长与经济发展的关系以及经济管理的现代化及发展趋势。通过对这些基础概念的梳理，为后续章节奠定坚实的理论基础，帮助读者更好地理解经济管理的核心思想与实践应用。

第一节　市场结构与行为分析

一、市场结构

(一) 市场结构的含义理解

所谓结构，一般是指构成某一系统的各要素之间的内在联系及其特征。在产业组织理论中，产业市场结构是指企业市场关系的特征和形式。市场关系主要有以下几种：①卖方 (企业) 之间的关系；②买方 (企业或消费者) 之间的关系；③买卖双方的关系；④市场内现有的买方、卖方与正在进入或可能进入该市场的买方、卖方之间的关系。

上述关系在现实市场中的综合反映就是市场的竞争和垄断关系。因此，从根本上说，市场结构是一个反映市场竞争和垄断关系的概念。市场结构决定市场的价格形成方式，从而是决定产业组织的竞争性质的基本因素。

(二) 影响市场结构的因素

影响市场结构的主要因素有市场集中度、产品差别化程度、市场进入和退出壁垒、市场需求的增长率、市场需求的价格弹性，以及短期的固定费用和可变费用的比例等。其中，前三项是影响市场结构或市场竞争和垄断关系的三个主要因素。决定市场结构的上述诸因素是相互影响的，当决定市场结构的某一因素发生变化时，就会导致市场结构中其他因素的变化，从而使该产业整个市场结构的特征发生变化。

1. 集中度

集中度包括卖方集中度和买方集中度。卖方集中度是指特定产业的生产经营集中程度，一般用该产业中最大的主要厂商所拥有的生产要素或其产销量占整个产业的比重来表示。一般来说，如果集中度高，就表明在特定产业中少数大厂商拥有较强的经济支配能力，或者说具备了一定程度的垄断能力。因此，不管这少数大厂商在主观上是否有使用垄断力量的动机，但集中度高已经表明了它们在客观上具有垄断力量。

因为集中度反映的是产业生产经营的集中程度，所以，该产业内厂商的规模和市场容量就是两个直接影响因素。

一是厂商规模变化与集中度。某产业的市场容量既定，少数大厂商的规模越大，集中度就越高；反之，则相反。

二是市场容量变化与集中度。市场容量的变化与集中度的基本关系是：市场容量扩大容易降低集中度，市场容量缩小或不变容易提高集中度；市场容量缩小或不变对提高集中度的促进作用大于市场容量扩大对降低集中度的作用。原因是大厂商经常在市场容量缩小或不变时加强兼并，而在市场容量扩大时率先发展；只有出现很高的市场容量增长率并超过大厂商扩张的速度时，才有可能导致集中度的降低。

2. 产品差别化

产品差别化是指在同类产品的生产中，不同厂商所提供的产品所具有的不同特点和差异。厂商制造差别产品的目的是引起购买者对该厂商产品的特殊偏好，从而在市场竞争中占据有利地位。因此，对厂商来说，产品差别化是一种经营手段，一种非价格竞争手段。例如，生产牙膏的厂商可以通过各种方法使其生产的牙膏和同类产品相比具有特色（双氟、儿童防龋、清凉薄荷口味等），以致对一部分消费者产生强烈吸引力，专爱使用该厂商生产的牙膏。

产品差别化与产品之间的替代性是基本同等的概念。同类产品因它们对于需求者来说可以互相替代，所以被归为同类。完全的替代性是指产品之间在使用性能、结构、外观、广告宣传以及售后服务等方面不存在任何差别，需求者完全把它们视为同一产品。因此，说两个产品是完全可以替代的，也就是说这两个产品无差别。但现实中无差别的产品或完全替代性几乎是不存在的，同类产品之间是不完全替代关系或部分替代关系，即它们几乎都是差别化产品。

形成产品差别化的原因可以简单地概括为：质量或设计方面的差异；消费者对要购买的商品的基本性能和质量不了解引起的差异，如不是经常被购买和设计复杂的耐用品；由卖者的推销行为，特别是广告和服务所引起的牌号、商标或公司名称的差异；同类商品销售者地理位置的差异。

3. 行业进入壁垒

进入壁垒又称进入障碍或进入门槛，是指产业内已有厂商对准备进入或正在进入该产业的新厂商所拥有的优势，或者说是新厂商在进入该产业时所遇到的不利因素和限制。

由于市场容量和生产资源是有限的，新厂商一旦进入某一产业，必须与该产业内的原有厂商展开争夺市场和资源的竞争。进入壁垒的大小反映了新厂商在进入该产业过程中所遇到困难的大小。如果某产业的进入壁垒大，就意味着新厂商在进入该产业时遇到的困难大，一般厂商难以顺利进入，相对而言，该产业的竞争程度就要弱一些，垄断程度就要强一些。因此，进入壁垒是影响市场垄断和竞争关系的一个重要因素，也是市场结构的一个基本因素。

4. 行业退出壁垒

所谓退出，是指某个厂商停止作为卖方的行为，从相应产业撤退。退出包括破产和转产两种情况。从理论上讲，某个厂商长期经营亏损，资不抵债，不能正常进行生产经营，就应该退出该产业，转产或破产，但实际上这样的厂商由于受到种种限制，很难从该产业中退出，那些对退出的限制就是该厂商在退出该产业时所遇到的障碍，即退出壁垒。

(三) 市场结构的类型

根据竞争和垄断程度的不同，并参照厂商数目、产品差别程度、进入市场的难易程度以及厂商对产量和价格的控制程度等因素，一般把市场分为四种类型：完全竞争市场、垄断竞争市场、寡头垄断市场和完全垄断市场。

1. 完全竞争市场

完全竞争又叫纯粹竞争，是指不受任何障碍和干扰，没有外力控制的竞争类型。完全竞争市场是不存在垄断，竞争程度最高的市场。在一个以完全竞争为特征的市场中，任何一个买者或卖者都不能依据其个人的购买或销售行为影响价格。完全竞争市场是一种非常理想化的市场。

完全竞争市场的特点如下。

一是产业集中度很低。市场上拥有很多的买者和卖者，每个卖者提供的产品数量与每个买者购进的产品数量在市场总量中所占的比例很小，因此，市场集中度很低，没有一个买者或卖者对市场价格有显著的影响力。价格是由市场总供给和总需求决定的，对于每个买者和卖者而言，他只能是价格的接受者，而不是影响者。

二是产品同一性很高。即所有的产品都是同质的标准化产品，它们在原料、加工、包装、服务等方面完全一样，可以互相替代。消费者必须能在他们相信是相同产品的许多生产者间选择，他们可以随机购买任何一个生产者的产品，甚至对每个厂商出售的同质产品没有偏好，厂商也无法根据自己出售产品的某些特点来控制价格。同时，产品必须可分到这种程度，即其少量部分或是可以购买的，或至少是可以租用的，这个假定消除了竞争市场中潜在的进入壁垒问题。

三是不存在任何进入与退出的壁垒。产业市场中不存在资金、技术或法律的进入和退出壁垒，新的企业进入该市场或原有的企业退出该市场都是完全自由的。在该产业的预期利润率很高的情况下，就会有很多企业试图进入，而如果产业的利润率下降到低于正常水平的时候，企业则不断退出。

四是完备的市场信息，即买者和卖者拥有包括价格和产品质量在内的全部相关市场信息。假设所有的买者和卖者都是理性的，那么，他们必须根据有关市场的全部信息（包括现在和未来的价格信息）进行决策，从而不会出现有人以高于市场的价格进行购买，或以低于市场的价格进行销售的情况。完备信息使得交易双方能够充分比较，优胜劣汰，促进竞争，同时使买卖双方都能作出最优的决策。

2. 垄断竞争市场

垄断竞争市场是一种既有垄断因素又有竞争因素，既不是完全垄断又不是完全竞争的一种垄断和竞争并存的市场类型，它是处于完全竞争与完全垄断但更接近于前者的一种市场。

垄断竞争市场中的厂商面临的是向下倾斜的剩余需求曲线,具有市场力量,即厂商可以有利可图地将价格提到高于边际成本;但同时又面临其他厂商的竞争,即在垄断竞争行业中,厂商可在获得正的利润的任何时候进入行业。从长期来看,每家厂商如在一竞争性行业中,面临其他厂商的竞争,获得的经济利润为零。

垄断竞争市场的特点如下。

(1) 产品的"差别性"

产品的差别不是指不同产品之间的基本性能差别,而是指同类性能产品之间的差别。这首先表现为产品的品质、包装、颜色、款式等产品本身的差别;其次是产品销售条件的不同,如销售地点、服务、销售方式、厂商信誉及工作效率等;最后,产品存在差别是由于消费者认为它们不同。尽管某种品牌的产品从本质上看同其他产品是相同的,但如果消费者认为它们不同并相应地进行购买,那么产品实际上便存在差别。

既然产品有了差别,厂商就有了某种程度的定价自由,这样,差别化价格就得以确立。但是,由于在垄断竞争市场中的产品是基本性能相同的产品,产品之间的替代性较强,当两种品牌的产品是关系密切的替代品而不是其他时,一个品牌的产品定价对另一个品牌的产品定价有较强的约束,因此,这种定价权利是非常有限的。

(2) 市场集中度较低,即市场上有较多的厂商和消费者

一方面,在同一产品集团内存在着数目众多的厂商,每个厂商的产品在整个市场上占的比例都很小,个别厂商无力对整个产品集团的市场产生影响;另一方面,由于同一产品集团内厂商数量非常多,以至每个厂商期望自身的行为不被其对手所注意,故其采取的行动也不会引起其对手的报复,这样,所有厂商都将采取相同(或类似)的行动,其最终结果是,垄断竞争厂商都将获得最大限度的正常利润,单个厂商的经济利润为零。

(3) 进入和退出壁垒较低

由于产品集团中的厂商规模较小,其所需要的资金和技术不足以构成新企业进入的障碍,因此,新厂商为了追逐利润,可以较容易地进入该产品集团。反之,当产品集团内原有厂商遭受亏损时,也较容易退出。

(4) 非价格竞争

在垄断竞争市场上，厂商虽然可以有利可图地将价格提到高于边际成本的水平，但由于其产品存在着众多的替代品，同时又面临其他厂商的竞争，故其价格的差异幅度毕竟是有限的。所以，垄断竞争厂商之间的竞争，一部分基于价格，更重要的则是基于价格竞争之外非价格方面的竞争。例如，以产品品质、服务、开展广告推销等来加强竞争，使消费者感到其产品的与众不同，从而扩大销量。完全垄断，简称垄断或独占，可以定义为没有相近替代品的某种产品的唯一生产者。完全垄断市场是一种不存在任何竞争的市场类型。在完全垄断市场上，作为该种产品的唯一生产者，不必考虑其他厂商削减其价格的可能性。实际上，垄断厂商本身就构成一个行业，因为在该市场上只有它一家厂商。

3. 寡头垄断市场

寡头垄断市场是一种较为普遍的市场组织，寡头垄断是一种同时包含垄断因素和竞争因素，但更接近于完全垄断的市场结构。

寡头垄断市场的特点如下。

(1) 市场集中度高

寡头垄断市场的显著特征是一个行业中仅有少数几家厂商，而且这少数几家厂商之间也可能进行着激烈的竞争。

寡头垄断行业是生产高度集中的一种行业，从构成一个寡头垄断市场的厂商数目来看，一个行业可能只由两家厂商组成（双头垄断），也可能由三家厂商组成（三头垄断），或由多家厂商组成（多头垄断）。寡头垄断市场的厂商可以独立行动，自主决定其产品价格和产量，通过彼此之间的激烈竞争来获取最大个体利润（非勾结型寡头垄断）；也可以相互合作，通过协调生产与定价活动限制市场产出与抬高市场价格，增加集体利润和个体利润（勾结型寡头垄断）。在发达国家，许多重要的行业如钢铁、汽车、制铝、飞机制造、重型电器设备、石油、燃气等行业都是寡头垄断行业，这些行业中大多是四五家公司的产量占全行业产量的一半以上。

(2) 产品基本同质或差别较大

存在两种情况：一种是产品基本同质，没有很大的差别，相互之间依存度很高；另一种是产品有较大差别，彼此相关度较低。相应的寡头垄断市场可以区分为两种类型：一是纯粹寡头，二是差别寡头。纯粹寡头是指生产的产品性质一致，没有差别的各个寡头厂商。差别寡头是指生产的产品性质一致，但存在差别的各个寡头厂商。

（3）进入和退出壁垒较高

产业内的少数大厂商在资金、技术、生产和销售规模、产品知名度和美誉度、销售渠道等方面占有绝对优势，因此，新企业很难进入这个行业市场与之抗衡，同时由于垄断企业的生产规模大，投入资本量很大，所以，企业退出市场的壁垒很高。

（4）寡头厂商之间的相互依存性

相互依存性是寡头垄断市场特有，其他市场结构所没有的一个重要特征。

在完全竞争与垄断竞争市场上，厂商数量都相当多，它们基本上是市场价格的接受者。各厂商之间并没有也没必要有密切的关系，它们可以独立地作出自己的决策，不用考虑其他厂商的决策及其他厂商对自己决策的反应。在完全垄断市场上，只有一家厂商，并不存在与其他厂商关系的问题。在寡头垄断市场上，厂商数量很少，每家厂商都有举足轻重的地位，它们各自在价格或产量方面决策的变化都会影响整个市场和其他竞争者的行为。因此，寡头垄断市场上各厂商之间存在极为密切的关系。每家厂商在作出价格与产量的决策时，不仅要考虑到本身的成本与收益情况，而且还要考虑到这一决策对市场的影响，以及其他厂商可能作出的反应。而且，垄断竞争厂商在作出任何产量和价格的决策时都只能对其竞争对手如何作出反应进行某种猜测，而不可能确切地知道其竞争对手将作出如何反应，所以，它们将在存有不确定性的情况下进行决策。

4.完全垄断市场

完全垄断（简称垄断或独占）可以定义为没有相近替代品的某种产品的唯一供给者，或称为垄断卖主；另一种情形是，市场上存在某种产品的唯一消费者，或称垄断买主。在完全垄断市场上，作为该种产品的唯一供给者的垄断厂商，面对向下倾斜的需求曲线并在边际成本之上决定价格，而不必考虑其他厂商削减其价格的可能性。结果，其销售量小于竞争市场下（价格等于边际成本）的销售量并存在对社会的净损失。实际上，垄断厂商本身就构成一个行业，因为在该市场上只有它一家厂商。

完全垄断市场的特点如下：

（1）产业的绝对集中度为 100%，因为市场上只有一家提供产品的企业。

（2）没有替代产品。完全垄断企业出售的产品没有直接替代产品，所以，其产品的需求交叉弹性为零。

（3）进入壁垒非常高。如果某个行业市场的进入壁垒高不可越，它就成了垄断市场。首先是资本壁垒，即完全垄断企业的起始资本量很大，因此一般企业难以进入。其次是技术性壁垒，即垄断者掌握了某种生产技术和诀窍，其他企业则没有，这个市场自然也就成了垄断市场。规模经济是最多的技术性壁垒。再次是法律壁垒，有些独家经营的特权是由法律所规定并受到法律保护的，专利和版权就是法律特许的垄断。最后是策略性壁垒。即使企业没有上述四种壁垒，也可以通过其他方式高筑壁垒，如巨额广告投入。

完全垄断和完全竞争一样，是一种非常罕见的市场结构，一般邮政、铁路等行业可以视为完全垄断。

二、市场行为

市场行为是指企业在充分考虑市场的供求条件和其他企业关系的基础上，所采取的各种决策行为；或者说是企业为实现其既定目标而采取的适应市场要求的调整行为。

（一）市场行为的种类

产业组织理论中的市场行为是一个重要的研究领域，它主要关注企业如何在市场中竞争和协调。市场行为主要包括市场竞争行为和市场协调行为两个方面。

市场竞争行为是指企业在市场上为了获得竞争优势而采取的各种策略和行动。其中，定价行为是最重要的市场竞争行为之一。企业通过制定价格来平衡市场需求和供给，从而实现利润最大化。除了定价行为外，广告行为也是市场竞争行为的重要组成部分。企业通过广告宣传来提高品牌知名度和吸引消费者，从而增加销售量和市场份额。此外，兼并行为也是市场竞争行为的一种形式。企业通过兼并收购其他企业来扩大规模和市场份额，提高市场地位和竞争力。

市场协调行为是指企业之间为了实现共同利益而采取的协定和共同行为。价格协调行为是市场协调行为中最常见的形式之一。企业之间通过协商和合作来确定产品的价格，以避免过度竞争和损失。最基本的价格协调形式是卡特尔和价格领导制。卡特尔是指企业之间通过达成协议来控制产品价格和产量，以实现共同利益。价格领导制是指在一个行业中，由一个或几个大型企业先行定价，其他企业则跟随定价。

（二）市场行为的研究方法——博弈论方法

博弈论（Game theory）又称对策论，起源于 20 世纪初，1944 年，冯·诺依曼和摩根斯坦恩合著《博弈论与经济行为》，奠定了博弈论的理论基础。现代博弈论方法的创始人是美国的数学家纳什。1950 年，美国普林斯顿大学的数学博士生纳什在其博士学位论文中提出了纳什均衡，创立了非合作博弈理论（Non-cooperative Game Theory）。海萨尼和泽尔腾将纳什均衡成功地运用于经济学的研究中，在解决不完全信息情况下的博弈问题上取得了巨大成功。20 世纪 80 年代以来，博弈论逐渐成为主流经济学的一部分，甚至可以说成为微观经济学的基础。

1. 博弈的定义理解

博弈（game）是指一些相互依赖、相互影响的决策行为及其结果的组合。研究相互依赖、相互影响的决策主体的理性决策行为以及这些决策的均衡结果的理论，称为博弈论。纳什在 1950 年与他的导师塔克联名发表的论文中举了一个著名的非合作博弈的例子，几乎任何一部博弈论的书籍都会举这个例子，表述上大同小异。这就是"囚徒困境"博弈。

"囚徒困境"讲的是：有一天，一个富翁被杀，警察抓住了两个嫌疑犯，并收缴了嫌疑犯从富翁那里盗去的财物，证据确凿。但嫌疑犯拒不认罪，说是他们先看到死者被杀，然后盗了一些财物。于是，警察将他们分别关在不同的牢房里审讯。警察分别告诉两个人：如果两个人都不承认，但犯了盗窃罪是肯定的，因此每人至少要判刑 1 年；如果两个人中有一个人坦白，另一个人抵赖，则坦白的被释放出去，而抵赖的被判刑 10 年；如果两个人都坦白，则各被判刑 8 年。这样，嫌疑犯（A、B）都有两个策略选择：坦白或抵赖，所以每个嫌疑犯都面临着四个可能的得益结果：获释（自己坦白，同伙抵赖），被判刑 1 年（自己抵赖，同伙抵赖），被判刑 8 年（自己坦白，同伙坦白），被判刑 10 年（自己抵赖，同伙坦白）。

2. 博弈的组成要素

一个博弈一般由三个要素构成：参与人（players），又称当事人或局中人的集合；策略（strategies）集合；得益（payoffs）的集合。

参与人指的是博弈中选择行动以使自己效用最大化的决策主体（如囚徒困境中的嫌疑犯 A、B）。

策略是指参与人选择行动的规则，即在博弈进程中，什么情况下选择什么行动的预先安排（如囚徒困境中的嫌疑犯 A、B 选择抵赖或坦白）。

得益是参与人在博弈结束后从博弈中获得的效用，一般是所有参与人的策略或行动的函数，这是每个参与人最关心的东西（如囚徒困境中的嫌疑犯 A、B 选择抵赖或坦白的刑期组合）。

3. 博弈的分类

博弈论可以分为合作博弈和非合作博弈。两者的区别在于参与人在博弈过程中是否能够达成一个具有约束力的协议。倘若不能，则称为非合作博弈（Non-cooperative Game），非合作博弈是现代博弈论的研究重点。比如两家企业 A、B 合作建设一条 VCD（激光压缩视盘）的生产线，协议由 A 方提供生产 VCD 的技术，B 方提供厂房和设备。在对技术和设备进行资产评估时就形成非合作博弈，因为每一方都试图最大化己方的评估值，这时 B 方如果能够获得 A 方关于技术的真实估价或参考报价这类竞争情报，则可以使自己在评估中获得优势；同理，A 方也是一样。至于自己的资产评估是否会影响合作企业的总体运行效率这样的"集体利益"，则不会非常重视。这就是非合作博弈，参与人在选择自己的行动时，优先考虑的是如何维护自己的利益。

在非合作博弈中，从行动的先后次序来分类，可将博弈分为静态博弈和动态博弈；从参与人对其他参与人的各种特征信息的获得差异来分类，又可将博弈分为完全信息博弈和不完全信息博弈。

静态博弈是指在博弈中，参与人同时选择行动或虽非同时但后行动者并不知道前行动者采取了什么具体行动；动态博弈指的是参与人的行动有先后顺序，且后行动者能够观察到先行动者所选择行动的博弈。

完全信息指的是每一个参与人对所有其他参与人的特征，如策略集合及得益函数都有准确、完备的知识；否则，就是不完全信息。

将上述两个角度的划分结合起来，我们就得到非合作博弈中四种不同类型的博弈，即完全信息静态博弈、完全信息动态博弈、不完全信息静态博弈和不完全信息动态博弈。与之相对应的四个均衡概念是纳什均衡、子博弈精炼纳什均衡、贝叶斯纳什均衡、精炼贝叶斯纳什均衡。

博弈论强调参与人的理性行为及其相互关系，强调决策信息和决策时序对决策行为及其后果的影响，这与现代经济学发展趋势是一致的，其严密的逻辑结构和分析方法更是为现代经济学的理论研究提供了一个有效的分析工具。

第二节　经济增长与经济发展的关系

一、经济增长与经济发展的界定

(一) 经济增长

在考察国民经济的长期发展问题时，常常涉及两个既密切相关又不完全相同的概念，即经济增长 (economic growth) 和经济发展 (economic development)。在宏观经济学中，经济增长通常被规定为产量的增加。在这里，产量既可以表示为经济的总产量，也可以表示为人均产量。经济增长的程度可以用增长率来描述。

如果用 Y_t 表示 t 时期的总产量，用 Y_{t-1} 表示 $(t-1)$ 期的总产量，则总产量意义下的增长率可以表示为：

$$G_t = \frac{Y_t - Y_{t-1}}{Y_{t-1}}$$

式中，G_t 为总产量意义上的增长率。

如果用 y_t 表示 t 时期的人均产量，用 y_{t-1} 表示 $(t-1)$ 期的人均产量，则人均产量意义下的增长率可以表示为：

$$g_t = \frac{y_t - y_{t-1}}{y_{t-1}}$$

式中，g_t 为人均意义上的增长率。

对于经济增长的含义，有许多经济学家对此下过定义，最具有权威性的是美国经济学家 S.库兹涅茨对经济增长所下的定义："一国经济增长，可以定义为给居民提供种类日益繁多的经济产品的能力长期上升，这种不断增长的能力建立在先进技术以及所需要的制度和思想意识之相应调整的基础上。"

库兹涅茨所下的经济增长这个定义包括了三层基本含义：第一，经济增长的集中体现与结果是商品供给总量的不断增加，即国民生产总值的增加，这是经济增长的核心；第二，技术进步是实现经济增长的必要条件，技术是影响经济增长诸多因素中最为关键的因素，没有技术进步就不能实现经济增长；第三，制度和意识形态的相应调整是实现经济增长的充分条件。技术进步仅仅是为经济增长提供了一种潜在的可能性，而要使这种可能性变为现实，就必须有社会制度和意识形态与之相适应，才能使技术得到运用，才能有效地正确使用人类先进知识宝库中的创造与革新，从而促进经济增长，否则就会阻碍技术进步，阻碍经济增长。

库兹涅茨根据英、美、法等 14 个国家近百年的经济增长统计分析，总结出现代经济增长的六大特征。第一，人均 GNP 和人口加速增长的趋势。这里实际包括三个指标：产量增长率（实际国民生产总值增长率）、人口增长率、人均产量增长率（人均国民生产总值增长率）。经济增长中最显著的特点就是这三个增长率都是相当高的。第二，由于技术进步，生产率不断提高。无论从劳动生产率还是包括其他生产要素的全要素生产率来看，生产率都是高的。生产率迅速提高归功于技术进步。第三，经济增长过程中经济结构的转变率很高。经济增长使产业结构、产品结构、消费结构、收入分配结构以及就业结构等都得到不断的改善。经济增长使农业过剩人口转向城市和工业，小业主转向大企业，结果促进了农业向非农产业，工业向第三产业的转变。同时，经济结构反过来又推动经济增长的步伐加快。第四，社会结构和意识形态的迅速转变。经济增长使僵化的社会结构变得较为灵活，使传统的思想观念转变为增长工业化、城市化、国际化等意识。第五，经济增长不是某一个国家或地区的独特现象，而是在世界范围内迅速扩大，成为各国追求的目标。第六，经济增长在世界范围内是不平衡的，发达国家与发展中国家的经济差距相当大，因而世界经济增长受到限制。

(二) 经济发展

如果说经济增长是一个"量"的概念，那么经济发展就是一个比较复杂的"质"的概念。也就是说，经济增长是从"量"的角度来考察一国国民经济的长期发展问题，而经济发展则是从"质"的角度来考察一国国民经济的长期发展。从广义上说，经济发展不仅包括经济增长，而且还包括国民的生活质量，以及整个社会经济结构和制度的总体进步。总之，经济发展是反映一个经济社会总体发展水平的综合性概念。

经济发展是指一个国家或地区的经济增长达到一定程度时所引起的经济结构的演进，以及社会体制、文化法律甚至观念、习俗等社会生活诸方面的变革。美国经济学家查尔斯·P.金德尔伯格、布鲁斯·赫里克在他们合著的《经济发展》(Economic Development) 一书中给经济发展下的定义是：物质福利的改善，尤其是对那些收入最低的人来说；根除民众的贫困，以及与此相关联的文盲、疾病和过早死亡；改变投入与产出的构成，包括把生产的基础结构从农业转向工业活动；以生产性就业普及劳动适龄人口而不是只给予少数具有特权的人的方式来组织经济活动；以及相应地使有着广大基础的集团更多地参与经济方面和其他方面的决定，从而增进自己的福利。

经济发展不仅包括经济增长，同时，它还包括经济结构的变化。这些变化包括以下几方面。

第一，投入结构的变化。从简单劳动转到复杂劳动，从手工操作转到机械化操作，从传统的生产方法转到现代生产方法，从劳动密集型技术转到资本密集型技术和知识密集型技术。生产组织和管理形式从传统的小生产转到现代的大公司。

第二，产出结构的变化。主要表现为产业结构的变化。在国民经济中，第一产业的劳动力和产值比重趋于下降，第二产业比重趋于上升，第三产业比重逐渐扩大，最终成为经济中最大的部门。每个部门内部的结构也相应发生变化，逐渐趋向平衡。在产业结构的转换过程中，农村人口向城市迁移，城市化与工业化同步进行。

第三，产品构成的变化与质量的改进。生产出来的产品和服务构成适应消费者需求的变化，产品与服务质量不断提高，品种更加多样化。

第四，居民生活水平的提高。具体表现在：人均收入持续增加，一般居民营养状况、居住条件、医疗卫生条件和受教育程度明显改善，文化生活更加丰富多彩，人均预期寿命延长。

第五，分配状况的改善。收入和财产的不平等程度趋于下降，贫困人口趋于减少。由此可见，经济发展比经济增长包含的内容要丰富和复杂得多。

二、经济增长与经济发展的区别与联系

经济增长与经济发展是两个既相互联系又有区别的概念。首先，经济增长是经济发展的基础与前提；其次，经济增长与经济发展相互促进，经济发展了就会促进经济进一步增长，经济增长了就有可能推动经济进一步发展。

经济增长与经济发展的区别具体如下：①二者对应的研究对象不同，经济增长以发达国家为研究对象，经济发展则以发展中国家为研究对象；②经济增长是经济发展的必要条件而不是充分条件，有发展无增长一般是不可能的，即使出现，也只能是短期的、局部的，而不可能是持续的、全面的，但经济增长却不一定会引起经济发展；③经济增长主要是指短期的经济变动，经济发展则着眼于长期的发展趋势；④经济增长仅仅是一个数量上的概念，反映了一个国家或地区经济规模的量在外延上的扩大，经济发展不仅要看经济规模的量在外延上的扩大，更着重于经济活动效率的提高。可以说，经济发展的本质是资源利用方法上的进步。

第三节 经济管理的现代化及发展趋势

随着我国经济社会发展水平的不断提升，市场经济体制改革的不断深化，各行各业在发展进程中都必须紧跟时代发展的步伐，积极适应新时代的新要求，大胆进行改革创新。只有这样，我国经济社会发展的基础才能得到有效夯实，经济管理科学性才能不断上升，社会整体活力才能显著提高。在

市场环境变化加快的背景下，各类市场主体能否实现经济管理现代化，直接关系到其能否把握时代发展所带来的机遇，直接关系到其能否有效应对市场环境变化所带来的各种挑战。因此，对于市场中各类主体来说，充分认识到经济管理现代化的重要性，采取科学合理的经济管理发展模式，对于其自身发展及推动经济社会发展具有不可替代的重要意义。

一、经济管理现代化概述

(一) 经济管理现代化的内涵

经济管理是一项综合性与协调性较强的工作，经济管理工作是随着经济社会发展水平的提升而不断动态调整变化的，因此在经济社会逐步走向现代化的过程中，经济管理现代化也应运而生，并且成为现代管理工作的未来发展方向。经济管理是一项系统性工作，其包含的内容涉及诸多方面，其中最为重要的方面是基于特定发展目标，对某一组织进行一定的科学指导，使其能够厘清发展思路，建立健康稳定的发展模式。而经济管理现代化则是在经济管理活动不断完善的过程中形成的一种新的理念，主要是以传统经济管理模式中良好理念和优质方法为基础，进一步结合经济发展过程中出现的新技术、新理念和新模式，对经济管理活动进行更加科学合理的影响，推动各类经济管理活动能够实现更加稳定高效的发展。

(二) 经济管理现代化的重要性

首先，经济管理现代化是科技发展的必然结果。改革开放以来，我国经济社会发展取得了举世瞩目的巨大成就，在此过程中伴随着经济全球化趋势，我国传统的经济管理模式已经无法满足社会的进一步发展，必须针对性地做出改变。在历史上，第一次工业革命的发生给英国乃至全世界带来了生产方式的巨大改变，而第二次工业革命则进一步提升了社会生产力，同时在很大程度上改变了传统的经济管理模式。而当前，随着第三次科技革命为社会带来了全新变化，互联网信息时代的到来使得经济管理必然走向现代化，提升管理方式、管理模式的现代化水平。

其次，经济管理现代化是我国经济社会发展、生产力水平迅速提升的重要体现。现阶段，我国互联网技术的普及使得经济社会运行方式发生了巨大的改变，电子信息技术与经济管理的完美结合，很大程度上推动了社会生产力水平的快速提升。不仅如此，在生产力水平和经济管理效率不断提升的背景下，经济管理也会在实践过程中推动经济社会进一步发展。

最后，经济管理现代化是提升社会经济效益的关键路径之一。现代社会中，科学技术是决定生产力水平的第一影响因素，科学合理的经济管理方法也在很大程度上影响着整体社会经济效益。通过实现经济管理现代化，我国整体生产状况能够持续改善，社会经济效益能够持续上升，最终提升广大人民群众的生活水平。

（三）经济管理现代化实施的必要条件

我国在实现经济管理现代化及变革经济管理发展模式的过程中，必须满足一定的条件，使得经济管理现代化机制能够切实发挥应有的作用。

首先，实现经济管理现代化必须充分考虑我国经济社会发展状况，充分认识到我国虽然在过去的四十余年取得了巨大的经济建设成就，但是在经济管理理论水平和实践经验方面仍然存在着一定的差异。只有在此基础上，才能避免盲目照搬国外经济管理理论方法的问题，提升我国经济管理现代化的针对性。

其次，实施经济管理现代化的必要条件之一是加强理论与实践的融合力度。在推动经济管理走向现代化的过程中，一方面要积极学习掌握先进的理论和方法；另一方面要在实践中不断总结经验，找到经济管理过程中的问题，将理论与实践充分融合，提升经济管理现代化水平。

最后，实施经济管理现代化的另一项必要条件是具有高素质的管理人才支撑。对于任何现代化建设工作来说，都需要高素质人才的支撑，只有这样才能不断发现工作中存在的问题，通过发挥主观创造能力解决问题。对于经济管理现代化来说同样如此，要充分发挥人才的作用，探索新的经济管理发展模式。

二、经济管理现代化的实现途径

(一) 提升信息化管理水平

在进入信息时代后，全球任何经济体内的各个行业都受到各种电子信息技术的冲击与影响。在信息时代，我国经济管理走向现代化的过程中，必须根据自身发展状况及未来的需求积极引进和利用信息技术。通过提升信息化水平，经济管理工作人员能够更加高效准确地搜集、整合和处理相关数据，且可以利用大数据、云计算等技术对相关数据进行深度挖掘，在这种情况下经济管理的效率和质量都将实现有效提升。

(二) 完善经济管理体制

在推动经济管理走向现代化的过程中，必须进一步完善相关保障制度。在新时期，只有不断完善相关体制机制，才能使得各项经济管理任务得到高效衔接，经济管理效率得以提升。同时，通过完善经济管理体制，进一步加大各类经济管理工作的监督管理力度。此外，还要定期判断经济管理工作人员是否满足不同阶段经济管理工作的要求，为实现经济管理提供保障。

(三) 加强经济管理人才队伍建设

人才是经济管理走向现代化的根本支撑，因此加强人才建设是推动经济管理走向现代化的重要举措。为了实现该目标，我国相关部门必须首先提高对经济管理人才队伍建设的重视程度。在此基础上，各级单位要对现行的薪酬管理制度及激励机制进行有效变革，营造出有利于人才发展的内部环境，进而吸引更多优秀人才。各个部门和各级单位要进一步加强经济管理方面的培训，为经济管理人员提供机会来变革经济管理理念，学习先进经济管理知识，在培训中提升经济管理工作人员的综合素质。

三、经济管理的发展趋势

(一) 进一步转变管理思想

随着我国经济社会发展进入新的阶段，我国经济管理工作也出现了新趋势，其中最为关键的是经济管理思想发生转变。随着经济管理现代化水平的提升，越来越多的市场主体开始摒弃传统的、不适用于当前经济发展的经济管理思想，逐步形成现代化的经济管理思想。总的来说，在我国，无论何种经济管理主体，只要能够逐步认识到经济管理现代化所蕴含的重要意义，在实践中逐步落实经济管理现代化的各项新的要求，不断提升自身管理的主观能动性，未来整体的经济管理发展模式一定能够进一步得到优化，经济管理现代化也将有进一步突破。

(二) 进一步形成动态化的经济管理制度

随着我国经济管理现代化目标不断推进，我国不仅要对经济管理目标进行完善，还要进一步将经济管理制度调整为动态化的制度体系。这是因为经济管理工作本身是一项动态性的工作，很多问题必须依赖于动态化的经济管理制度体系加以解决。当前，很多问题不能得到妥善解决很大程度上是因为经济管理模式是僵化且一成不变的。此外，在动态化的经济管理制度体系中，人的作用将被进一步放大，人的主观创造性将进一步发挥。

(三) 管理方式将进一步向民主化方向发展

未来，为了推动经济管理价值的进一步提升，经济管理发展模式中将会融入更多民主化因素。具体来说，在未来的经济管理工作中，必须进一步从民主的角度对所要开展的问题进行仔细的讨论。只有经历客观全面的分析研讨，才能得到客观真实的结论。若因为缺乏民主而造成错误的经济管理决策，很有可能为经济管理主体带来严重的经济损失。为了避免该问题的出现，在经济管理活动中加入更多的民主化因素显得至关重要，也能够有效推动经济管理现代化程度的提升。

(四) 进一步积极应用软件管理模式

经济管理走向现代化的过程中，包括互联网、大数据等先进电子信息技术的应用发挥了不可替代的重要作用，同时在经济管理未来发展过程中，软件管理模式也成为一个重要趋势。在各类经济管理主体都深刻认识到经济管理现代化对于自身的重要性之后，这些主体将投入更多的资源用于更新内部软件系统，这样就可以在今后的经济管理工作中更多地利用先进工具。总的来说，通过将更多先进软件系统应用于经济管理工作中，不仅提升了经济管理的便捷性，提高了经济管理工作人员的工作效率，更可以提升经济管理工作的针对性和精准性。因此，在经济管理发展过程中，未来的一个重要趋势就是软件管理模式。

综合而言，我国经济管理走向现代化成为一种必然选择，经济管理现代化对于推动我国经济社会发展具有不可替代的重要意义。但是也要清晰地认识到，现阶段我国经济管理走向现代化的过程中仍然存在着一些问题，这些问题的存在严重影响着现代化进程。我国相关部门及经济管理主体要充分认识到这些问题的存在，同时深入了解经济管理发展未来趋势，从完善体制、加强人才建设等方面发力，为我国经济管理现代化提供新的动力，为我国经济社会发展提供新的保障。

第四节　经济管理的相关理论依据

一、供求理论

需求和供给是构成市场的两个方面，供求关系决定价格，价格机制使稀缺资源得以优化配置。因此，管理者必须十分了解市场及其运行规律，并使自己的管理决策能够随时适应市场的变化。

(一) 需求理论

1.需求的概念理解

简单地说，需求是指在一定的时间段内，面对某一商品的各种价格，消费者愿意并且能够购买的数量。在这个定义中有两个要点，涉及两个变量。所谓两个要点，是指消费者的意愿和支付能力，两者缺一不可。有购买某种商品的意愿而没有支付能力不是经济学中的需求；反过来，有支付能力而没有购买意愿也不是经济学中的需求。需求概念涉及的两个变量是商品的价格及与该价格相对应的购买数量，需求反映了人们购买的商品数量与商品价格这两个变量之间的相互关系。这里要说明的一点是，在消费者做出某种购买决策时，有多种因素在同时起作用，如商品本身的价格、消费者的收入、消费者偏好、对未来价格的预期、各种商品相对价格关系等，这些因素在后面将进行详细分析。不过，为了简化分析，便于抓住经济现象或经济变量之间最主要的关系，经济学家常常忽略某些相对次要的因素，在假定这些次要的因素给定的情形下，分析价格和购买量之间的关系。

需求可以分为个人需求和市场需求。个人需求是指单个消费者或家庭对某种商品的需求。针对某特定市场，把对某一商品所有的个人需求加总，即把与每一可能的价格相对应的每个消费者或家庭的需求量相加，便得到该商品的市场需求。市场需求是指在某一特定市场上，所有消费者或家庭对某种商品的需求。个人需求是构成市场需求的基础，市场需求是所有个人需求的总和。

在理解需求的概念时，还要注意需求与需求量的区别。需求量是指在某一特定时期内，消费者在特定价格水平上愿意并且能够购买的商品和劳务的数量。需求量是在一个特定价格水平上的具体数量，而需求是对应于每一可能价格水平下需求量的组合。

2.影响需求的因素

在市场上，一种商品的需求并不是一成不变的，而是会随着各种条件的变化而变化。它会受到很多因素的影响，概括起来主要有以下几种。

(1)商品本身的价格

商品本身的价格是影响需求的一个最重要、最灵敏的因素。通常情况下，需求量随价格的变化而作相反方向的变化。商品的需求量随着价格的上涨而减少，随着价格的下降而增加，这就是需求定理。需求定理对于一般商品来说是普遍适用的，但它说明的是在假设需求只受价格影响而不受其他因素影响的情况下，价格与需求量之间的相互关系。

商品本身价格高，需求少；价格低，需求多。如果某种商品价格上涨了，而其他商品价格没变，那么，其他商品的相对价格下降了，消费者就要用其他商品来代替这种商品，从而对这种商品的需求就减少了。例如：如果猪肉价格上涨，消费者可以购买牛肉、鱼等食品来替代猪肉，因而猪肉的需求减少；反之，价格下跌，需求增加。这种商品价格上升而引起的其他商品对这种商品的取代就是替代效应。此外，若消费者的货币收入在一定时期保持不变，当猪肉的价格上涨，消费者就会认为其实际收入减少了，从而对这种商品的购买力，即对猪肉的需求减少；反之，价格下跌，需求增加。这种因某种商品价格变化后实际收入发生变化进而对需求的影响就是收入效应。实际上，价格变化后，这两种效应是同时存在的。商品本身价格的变化对需求的影响正是这两种效应共同作用的结果。

(2) 相关商品的价格

某种商品的相关商品可以分为两种类型，即替代品和互补品。

替代品是指两种商品之间具有某种程度的相似性，即在某些方面具有相同或相似的使用价值，可以相互替代使用，比如馒头和包子、羊肉和牛肉、咖啡和茶叶等。一般而言，替代品之间呈正相关关系。在其他条件不变的情况下，如果 X 商品的替代品 Y 的价格上涨，则 Y 商品的需求下降，人们就会把需求转移到 X 商品上去，从而使 X 商品的需求增加；反之亦然。即一种商品的需求与其替代品的价格是以同一方向变化的。

互补品是指两种商品之间存在着某种消费依存关系，即一种商品的消费必须与另一种商品的消费相配套，比如眼镜架与眼镜片、录音机和磁带、香烟与打火机等。一般而言，互补品之间呈负相关关系。在其他条件不变的情况下，如果 X 商品的互补品 Y 商品的价格上涨，会引起 Y 商品需求量的减少，从而也会使 X 商品的需求减少；反之亦然。即一种商品的需求与其互补品的价格是以相反的方向变化的。

(3) 消费者的收入水平

一般而言，需求和消费者的收入水平呈相同方向变化。当消费者的收入水平提高，消费者购买商品或服务的能力增强，购买的数量也会增多，即需求增加；反之，消费者的收入水平下降，需求减少。例如，由于我国经济平稳发展，形成一种新的经济现象，称为"假日经济"，表现在节假日如

"五一""十一"和春节等重大节日，消费者对旅游及配套服务的需求增加。但应当注意的是，社会收入分配的平等程度会对需求产生不可忽视的影响。

然而，收入水平的提高既可能引起消费者对某种产品需求的提高也可能引起需求的降低。消费者收入上升会增大消费者对某种商品或服务的需求，此类商品为正常品。对正常品来说，收入下降也会使消费者对这种商品的需求下降，如牛肉、彩电、冰箱等。市场上有些商品或服务，当消费者的收入上升时，对它的市场需求反而会下降，这类商品被称为低档品。对低档品来说，收入提高会使消费者降低对这种商品的需求，收入下降将刺激需求，如旧车、修鞋服务等。

（4）消费者的偏好

除了客观因素对商品的需求有影响外，主观因素对商品的需求也有影响。消费者的爱好或偏好是一种主观因素。人们的偏好会因为商品的风格变化而变化，也会因为品位、时尚和习惯的变化而变化。在其他变量保持不变的情况下，消费者对一种商品的偏好增加，会提升市场上此类商品的需求；消费者的偏好降低，会导致商品的市场需求减少。例如，皮装在我国20世纪90年代非常流行，一路走俏；但目前，由于消费者时尚观的变化，消费者对皮装的偏好降低，需求减少。又如，在我国，人们不习惯喝咖啡，对咖啡的需求很少，而对茶叶的需求却很大，这是因为我国居民普遍有饮茶的习惯。人们的爱好和选择不是固定不变的，因此我们需要时刻关注这种变化，并及时根据这种变化来改进老产品，开发新产品，只有这样才能经常保持人们对产品的高需求。

（5）人口的数量与结构

一般而言，人口数量的增加会使需求增加，人口数量的减少会使需求减少。人口结构的变动主要影响需求的结构，进而影响某些商品的需求。例如，人口老龄化会减少对碳酸饮料和时髦服装等的需求，但会增加对保健用品、社区养老服务的需求。

对于某种商品或服务而言，当该商品或服务市场中消费者数量增加时，会引起市场需求的上升；当消费者数量减少时，则会引起市场需求的下降。在消费者数量处于上升阶段的市场中，例如，在外来人口大幅度增加的城市，小面积住宅的需求会上升。又如，随着人口增长率的下降，对小学教育的需求会下降。

（6）政府的经济政策

偏紧的财政政策和货币政策会抑制消费需求，而鼓励消费的消费信贷制度则会刺激消费需求。

（7）消费者对未来的预期

消费者对自己的收入水平和商品价格水平的预期往往会改变他们当期的购买决策。如果预期未来收入水平上升，商品价格也看涨，则当期需求通常会增加；反之，当期需求通常会减少。例如，如果消费者预测房价会下降，则不太可能在现阶段去购房；如果消费者预测某些生活用品的价格将上涨，则会在涨价前多买一些，导致需求急剧上升。

以上只是影响商品需求的一般因素，不同的商品往往还有影响需求的特殊因素，如雨具、啤酒、空调等商品的需求与季节有关等。对这些因素进行分析，有助于形成一种认识，明白这些因素以及变化如何在现实生活中起作用，还应该意识到管理者应如何预测这些变化，并且及时地做出调整，从而为企业谋得最大利益。

（二）供给理论

1. 供给和供给量

供给是指单位在一定时期内，在每一价格水平上愿意而且能够提供的商品量。供给也是供给欲望与供给能力的统一。供给能力既可以是当期新生产出来的产品，也可以是存货。应该指出的是，供给不同于某一价格水平或特定价格意义上的供给量，它反映的是价格与企业的供给量这两个变量之间的组合关系。同样，供给也可分为个别供给和市场供给。个别供给是指单个企业对某种商品的供给。市场供给是指该商品市场中所有供给的总和，即与每一可能售价相对应的每个企业供给量的总和。

与需求概念相似，供给的定义也有两个要点，涉及两个变量。作为经济学中所述的供给，必须同时具备愿意出售和有可供出售的商品或服务两个方面，两者缺一不可。当某种商品或服务显示出有利可图，但如果一个厂商缺少生产这种产品或提供这种服务的技术、工厂、专利或人员，厂商的这种愿望就不是经济学意义上的供给。同样，一个厂商拥有提供某种产品所要求的全部条件，但市场价格过低，厂商如果生产连变动成本都无法弥补时，厂商照样不会向市场提供这种产品，也不构成市场供给。

供给概念涉及的两个变量是商品或服务的价格及与该价格相对应的供给量。因此，供给反映了厂商的供给量与商品价格这两个变量之间的关系。

2. 影响供给的因素

影响供给的因素很多，概括起来主要有以下八种。

（1）商品本身的价格

由于企业的目标是追求利润最大化，在其他条件不变的情况下，如果某种商品的价格上涨，企业就会减少其他产品的生产而将生产资源更多地投入到这种商品的生产，从而这种商品的供给量就会增加。反之，企业就会将生产资源转用于其他相对价格较高的商品的生产，从而该商品的供给量减少。换言之，在影响供给的其他因素不变的情况下，商品的供给量与价格之间存在正向的依存关系。这种现象普遍存在，被称为供给定理。

（2）相关商品的价格

两种互补品之间，一种商品价格下跌会减少另一种商品的供给；而两种替代品之间，一种商品的价格下跌会使另一种商品的供给增加。例如，一块地可种小麦也可种玉米，小麦价格下跌，农民就会不种或少种小麦而增大玉米的种植量，从而玉米的供给就会增加。又如，当家用空调价格上升而工业用空调的价格保持不变时，厂商就会将资源由生产工业用空调转向生产家用空调，这样工业用空调的供给量就会下降。在后一种情况下，当一种产品的连带产品的价格上升时，厂商们就会将生产资源转而投向这种产品的生产中去，假设我们考察的产品称为 X 产品，连带产品称为 Y 产品，即当连带产品 Y 的价格提高时，会导致 X 产品的供给量增加。例如，原油和天然气的开采通常是在同一处进行的，它们常常互为副产品。当石油的价格上升时，采油公司就会增大对石油的开采量，这样天然气的开采量也会增加。

（3）生产要素的价格

当一种或者多种用于生产这种商品的生产要素和中间投入品价格变化以后，企业生产这种商品的成本会发生变化。一般地，原材料等生产要素和中间投入品价格上升，会提高这种商品的生产成本。当产品的市场价格给定时，成本上升将导致该商品的盈利性下降，厂商们所愿意提供的产品的数量也就会下降。相反，中间投入品价格下降导致成本降低时，该商品的盈利性就会增强，厂商在同等的价格下也就愿意生产更多的产品。例如，彩电显像管价格上涨后，彩电的供给量就会出现明显的下滑。又如，石油价格提高后，石化工业的各种产品的供给量均出现下滑。所以，生产要素和中间投入品价格的变动与某种商品的供给量呈现反方向变动的关系。

根据传统的生产要素概念，企业生产各种产品所用到的生产要素一般包括劳动力、土地、资本和企业家才能四大类，它们是决定企业生产成本的重要因素。生产要素价格上升，会使产品成本上升。如果产品市场价格不变，企业的利润就会降低，则其供给就会相应减少；反之，供给量就会增加。

(4) 生产技术和管理水平的变动

在经济学意义上，技术是指生产某种产品或服务的所有手段和方法的知识总和。技术不仅仅是指科学理论的应用，由于多数情况下技术往往先于科学理论，许多生产中使用的方法还无法运用精确的科学理论加以解释，但在实践中可能已经运用了相当一段时间。此外，除了生产产品和服务的方法外，技术的表现形式还有组织和管理的方法和技能。当技术水平提高时，会降低产品的制造成本，从而增加这种产品的市场供给量。在资源既定的条件下，生产技术的提高会使资源得到更为充分的利用，使生产过程更为经济有效，从而使供给增加。在管理技术方面，当厂商发明了一种新的分销方式时，也能大大地降低生产和营运成本，从而增加这种产品的市场供给量。

(5) 企业的目标

经济学一般假设企业的目标是实现利润最大化，即利润大小决定企业供给的多少。如果企业以产量最大，或销售收入最大，或其社会道义的责任为目标，那么该目标下的供给就会与利润最大化目标下的供给有极大的不同。

(6) 企业对未来的预期

如果企业对未来持乐观的预期，则会增加供给；反之，则会减少供给。比如，"非典"期间，生产口罩的企业预期口罩价格上升就会增大口罩的生产，从而口罩的供给就会增加（这个例子特别的地方在于口罩价格上升，需求量也会增加，这是由于"非典"的特殊环境所致）。但是，还有一种可能是企业预期在今后一段时间内某商品价格上涨，企业在提高产量的同时也可能选择囤积居奇，待价而沽，这样该商品的供给在短时间内反而会下降，但从长远来看，供给量还是会增加。

(7) 市场中生产这种产品的企业数目

当每一个企业的生产能力给定时，市场中同类企业的数目增加，在任意的价格水平上都将会有更多的商品或服务进入市场；反之，在其他因素不变时，企业数目减少，市场中这类产品的供给量就会下降。

(8) 政府的政策

若政府采用鼓励投资和生产的政策（如实行减税、降低利率等政策），就可以刺激生产，增加供给；反之，若政府采取抑制投资和生产的政策（如实行增税、提高利率等政策），则会抑制生产，减少供给。

另外，自然条件、社会条件等因素也可能影响到企业的供给变动。

二、消费者行为理论

市场中的需求取决于消费者，主要由消费者行为决定。消费者行为研究的基本目的是判断和分析消费者的需要和欲望，分析需求曲线背后隐藏的经济原因，探究收入与需求之间的关系，引进弹性概念，即衡量需求量对价格和收入变化反应程度的工具，使企业的管理者能够据此制定正确的价格决策、市场营销决策和对销售情况做出正确的预测。

由于消费者选择行为的目标是在一定的约束条件下追求自身的最大效用，所以，消费者选择理论又称为效用论。

消费者会购买各种商品和服务的原因很简单，因为它们可以满足消费者的各种欲望。欲望正是研究消费者选择行为的出发点。欲望是消费者想要得到而又没有得到某种东西的一种心理状态。欲望具有层次性、多样性的特点：有情感上的，有身体上的，有精神上的，有物质上的。人的欲望是无穷无尽的，永远也不会得到满足。正是这种欲望的无限性和资源的有限性，推动人们去从事生产，发展经济。

在现代经济体系中，消费者的选择有时很困难。在决定购买什么产品时，每个消费者都面临着有约束条件下满足个人需要的评价。在这种选择背后，是拥有商品而得到的满足与因此而付出的机会成本之间的比较。在市场经济中，机会成本是由价格来反映的，而满足程度则是由效用来反映的，效用与价格的比较就成为消费者决策的依据。

效用指商品满足消费者欲望的能力，即消费者在消费商品时所感受到的满足程度。效用概念与人的欲望联系在一起，它是一种主观心理评价。经济学家们先后提出了基数效用（Cardinal Utility）和序数效用（Ordinal Utility）的概念，并在此基础上，形成了分析消费者行为的两种方法：基数效用论者的边际效用分析方法和序数效用论者的无差异曲线分析方法。

基数和序数这两个术语来自数学。基数是指 1，2，3，…，基数是可以加总求和的。例如，基数 3 加 9 等于 12，且 12 是 3 的 4 倍等。序数是指第一、第二、第三、……，序数只表示顺序或等级，序数是不能加总求和的。例如，序数第一、第二和第三，可以是 10、20 和 50，也可以是 11、19 和 21。它所要表明的仅仅是第二大于第一，第三大于第二，至于第一、第二和第三本身各自的数量具体是多少，往往是没有意义的。在 19 世纪和 20 世纪初期，基数效用论较流行，到了 20 世纪 30 年代，序数效用论为多数人所使用。

（一）基数效用理论与边际分析方法

基数效用论者认为，效用可以采取 1，2，3 等基数来表示。因而，基数效用同长度、重量等概念一样，可以具体衡量并加总求和。表示效用大小的计量单位被称为效用单位。比如，饮用一杯矿泉水的效用是 5 个单位，饮用一瓶可乐的效用是 16 个单位，这样的消费组合共产生了 21 个单位的效用。与此同时，具体的效用量之间进行比较也是有意义的。例如，对于某个消费者来说，看一部电影和参观一个艺术展的效用分别是 30 个单位和 90 个单位，则可以说后者的效用是前者的三倍。

1. 基数效用理论

（1）总效用和边际效用

基数效用论者将效用区分为总效用和边际效用。

总效用指消费者在一定时期内，从一定数量的商品消费中所得到的效用量的总和。

边际效用指消费者在一定时期内，增加一个单位商品的消费所得到的效用量的增量。

如果用 *TU* 表示总效用，*MU* 表示边际效用，*Q* 为消费者对一种商品的消费数量，则总效用为：

$$TU=f(Q) \qquad\qquad (1\text{-}1)$$

边际效用为：

$$MU=\Delta TU / \Delta Q \qquad\qquad (1\text{-}2)$$

其中，ΔTU 为总效用的增量，ΔQ 为消费数量的增量。

(2) 消费者均衡

消费者均衡是研究单个消费者如何把有限的货币收入分配在各种商品购买中，以获得最大的效用，或者说研究单个消费者在既定收入下，实现效用最大化的均衡条件。消费者实现效用最大化的均衡条件是：在消费者的货币收入既定，市场上各种商品的价格已知，消费者所购买的各种商品的边际效用与价格之比相等，此时，消费者所得到的总效用最大。

假定：消费者购买 *n* 种商品，消费者效用最大的均衡条件可以用公式表示为：

$$MU_1/P_1= MU_2/P_2= \cdots\cdots= MU_n/P_n \qquad\qquad (1\text{-}3)$$

其中，MU_1，MU_2，…，MU_n 表示 *n* 种商品的边际效用；P_1，P_2，…，P_n 表示 *n* 种商品的价格。如果消费者只购买两种商品，消费者效用最大化的均衡条件为：

$$MU_1/P_1= MU_2/P_2$$

(3) 需求曲线的推导

由于边际效用递减规律的作用，随着消费者对某种商品消费数量的连续增加，该商品的边际效用递减，因而，消费者为购买这种商品所愿意支付的价格也越来越低，即商品的需求价格越来越低。因此，边际效用与商品的需求价格成正比关系。根据消费者均衡条件，消费者对任何一种商品的最优购买数量，应该是使最后一元钱购买该商品所带来的边际效用，和所付出这一元钱的货币边际效用相等。这样，根据边际效用递减规律和消费者均衡条件，可以推导出需求曲线。

2. 边际分析方法

边际分析是微观经济分析的最常用方法之一。虽然人们在理论上对它的系统研究时间不长；但它的内涵原理，很早就已被人们用于日常生活之中。例如，浓缩果汁太甜，人们一边兑水，一边不时品尝味道的变化，直到自己满意为止。换句话讲，不再兑水了，即兑水量等于零时，就达到了满意标准。这种方法的实质，就是对某种变量的增量以及由其引起总体的变化，统筹考虑以寻求最优解。边际分析方法是管理决策的重要理论依据。

（1）数学原理

"边际"本身的意思就是额外、附加、边缘或者总体以外部分的同义词。当使用到边际原理进行管理决策的时候，首要的一点就是管理人对决策制定过程中不会发生变化的因素坚决不理睬。只从投入和收益两方面进行决策，树立这种决策思路将有助于启发管理人员管理决策的新思路。

为准确地把握边际分析的含义，这里对其数学原理进行必要的介绍。

边际分析是基于各种经济现象中所存在的某一变量依存于一个或几个自变量的函数关系分析。如总收入（TR）为因变量，产量（Q）为自变量，ΔTR 与 ΔQ 分别代表它们的增量，边际收入（MR）表示增加单位产量，总收入增加多少。也就是说，边际值表示自变量每变化一个单位，引起因变量变化的多少。将边际值作为下一步决策依据的方法，被称为边际分析法。

$$\text{边际值（边际收入）} = \frac{\Delta TR}{\Delta Q} \tag{1-4}$$

根据数学微分求极值原理，边际值就是因变量的变化率；求最优解的必要条件是函数的导数为 0。即

$$\text{边际值} = \frac{\Delta TR}{\Delta Q} \approx \frac{\mathrm{d} TR}{\mathrm{d} Q} = \lim_{\Delta Q \to 0} \frac{\Delta TR}{\Delta Q} \tag{1-5}$$

最优解的必要条件：

$$\frac{\Delta TR}{\Delta Q} = 0$$

若总收入函数方程已知，导数作为比值极限的概念恰好等于方程曲线上某一点的斜率。因此，当斜率为正（$\mathrm{d} TR/\mathrm{d} Q > 0$）时，一般称为增函数，即边际值 > 0 时，增产增收。当斜率为负（$\mathrm{d} TR/\mathrm{d} Q < 0$）时，一般称为减函数，即边际值 < 0 时，增产减收。当斜率为 0（$\mathrm{d} TR/\mathrm{d} Q = 0$），即边际值 = 0 时，相对应的产量可以使总收入达到最大值。所以，只要函数关系已知，运用微

分方法就可以求出边际值，不仅可通过边际值的变化趋势进行决策，还可以在此基础上寻求当因变量的值最大限度地满足目标值时自变量的值。

边际分析法将数学含义与经济含义有机地结合起来：只要边际收入是正值，就可以通过提高产量来使总收入增加，当边际收入等于0时，总收入最多；如果达到这点后继续增加产量，边际收入转变为负值，就会使总收入下降。

边际收入等于0（边际值 =0），只是总收入最多的必要条件，而不是充分条件。因此，当求出函数某点导数为0后，还应判定此点是函数的极大值还是极小值，可利用求极值的充分条件——函数二阶导数 $\left(\dfrac{\mathrm{d}^2 TR}{\mathrm{d} Q^2}\right)$ 在此点的正负来确定。二阶导数可以理解为导函数的导数，它反映边际值曲线的斜率。二阶导数在极小值点总是正值，在极大值点总是负值（在连续函数情况下，可参阅《高等数学》有关章节）。

边际值反映了因变量与自变量之间的一种动态关系，因此运用边际分析法进行管理决策，体现了面向将来向前看的决策思路。

(2) 管理决策优化标准

通过前面对边际分析法数学原理的讨论，我们对边际值的概念和利用边际值确定最优目标值的方法有了初步了解，下面我们将重点讨论边际分析法在管理决策优化中具体应用的基本思路。

第一，无约束条件下最优投入量的确定。

所谓无约束条件，是指在管理决策时，假设生产技术等其他条件固定不变，只考虑某一种决策变量的投入，而其数量又是不受限制的，这种决策变量可以是产量或某种生产要素数量，如劳动力、资金等。例如，为了使利润最多，应生产多少产品；为了使产量最高应投入多少劳动力等。在这种问题上，最优化的规则是：边际值 =0时，可以使管理决策的目标实现最优。

第二，有约束条件下最优分配的确定。

所谓有约束条件，是指在管理决策时，某种被分配的资源量是有限的，既定的。如一定量的某种资源，在不同的用途之间如何分配，才能使利润最大；一定量的生产任务在不同下属单位中怎样分配，才能使总成本最低；等等。在这类情况下，最优化的规则是：当各种使用方向上每增加单位被分配资源所带来的边际效益都相等时，被分配资源能使总效益最大；当各种使用方向上每增加单位被分配资源所引起的边际成本都相等时，被分配资源能使总成本最低。此规则简称为等边际效益法则和等边际成本法则。

这是因为，如果在各种使用方向上，被分配资源的边际效益（边际成本）互不相等，人们就有可能在不增加被分配资源总量的前提下，通过减少边际效益低（边际成本高）的使用方向上的被分配资源量，增加边际效益高（边际成本低）的使用方向上的被分配资源量的办法，来增加总利润（减少总成本）。可见，只有当被分配资源能使各种使用方向上的边际效益（边际成本）均等（已无法再通过调整被分配资源量使情况更好）时，被分配资源的分配才是最优的。

（二）序数效用理论

效用与消费者的主观心理感受有关，很难用一个定量的数字来说明。因此，很多学者提出用序数效用来替代基数效用这一概念。序数效用论者认为，效用是一个有点类似于好与坏、美与丑等的概念。效用的大小是无法用具体的数字来准确衡量的，效用之间的比较只能通过一定的次序或等级来表示。序数效用只要求不同的效用之间可以加以比较，并假定消费者能够明确地判断出哪种商品或哪种商品组合的消费能带给他更大的效用。通常，我们希望了解在消费者心目中哪些消费是第一位的，哪些消费是第二位的，而很少去关心一个商品的效用究竟是多少。这样，序数效用较好地解决了难以用数字衡量效用的困难，序数效用的概念开始为大多数经济学家所使用。

1.无差异曲线

序数效用论是用无差异曲线来分析消费者行为的，并在此基础上推导出消费者的需求曲线。

（1）偏好与偏好假定

无差异曲线是建立在偏好概念的基础上的。偏好指爱好或喜欢。

序数效用论者认为，对于各种不同的商品组合，消费者的偏好程度是有差别的，正是这种偏好程度的差别，反映了消费者对这些不同的商品组合的效用水平的评价。准确地说，偏好是指消费者对任意两个商品组合所做的一个排序。具体而言，给定 A、B 两个商品组合，如果某消费者对 A 商品组合的偏好程度大于 B 商品组合，也就是说，这个消费者认为 A 组合的效用水平大于 B 组合，A 组合给消费者带来的满足程度大于 B 组合；或者说，该消费者认为，在效用水平的排序上，A 组合为第一，B 组合为第二。

序数效用论者提出了关于消费者偏好的三个基本的假定。

第一个假定是偏好的完全性。偏好的完全性是指消费者总是可以比较和排序所给出的不同商品组合。换言之，对于任何两个商品组合 A 和 B，消费者总是可以作出，而且也只能作出以下三种判断中的一种：对 A 的偏好大于对 B 的偏好，或者对 B 的偏好大于对 A 的偏好，或者对 A 和 B 的偏好相同（A 和 B 是无差异的）。偏好的完全性的假定保证了消费者对于偏好的表达方式是完备的（完全的），消费者总是可以把自己的偏好评价准确地表达出来。

第二个假定是偏好的可传递性。偏好的可传递性指对于任何三个商品组合 A、B、C，如果消费者对 A 的偏好大于对 B 的偏好，对 B 的偏好大于对 C 的偏好，那么，在 A、C 这两个组合中，消费者必定对 A 的偏好大于对 C 的偏好。偏好的可传递性的假定保证了消费者偏好的一致性，因而也是理性的。

第三个假定是偏好的非饱和性。该偏好的非饱和性指如果两个商品组合的区别仅在于其中一种商品的数量不相同，那么，消费者总是偏好于含有这种商品数量较多的那个商品组合，即消费者对每一种商品的消费都没有达到饱和点。或者说，对于任何一种商品，消费者总是认为数量多比数量少好。此外，这个假定还意味着，消费者认为值得拥有的商品都是"好的东西"而不是"坏的东西"。在这里，"坏的东西"指诸如空气污染、噪声等只能给消费者带来负效用的东西。

（2）无差异曲线及其特点

无差异曲线指给消费者带来相同效用水平的所有消费品不同组合的点的轨迹。即在该曲线上，所有点代表消费者希望消费的各种商品和劳务的组合，在同一条曲线上的各种商品组合，能使消费者获得同等的满足。为了简化分析，假定消费者只消费两种商品。这样，我们可以直接在二维平面图上讨论无差异曲线。

无差异曲线的基本特征有以下三个。

第一，由于通常假定效用函数是连续的，所以，在同一坐标平面上的任何两条无差异曲线之间，可以有无数条无差异曲线。可以这样详细描述：我们可以画出无数条无差异曲线，以至于覆盖整个平面坐标图。所有这些无差异曲线之间的相互关系是：离原点越远的无差异曲线代表的效用水平越高，离原点越近的无差异曲线代表的效用水平越低。

第二，在同一坐标平面图上的任何两条无差异曲线均不会相交。这一点可以由偏好的假定加以论证。

第三，无差异曲线的斜率是负的，并且凸向原点。无差异曲线的斜率为负值，表明无差异曲线不仅向右下方倾斜，而且是以凸向原点的形状向右下方倾斜的。即无差异曲线的斜率的绝对值是递减的。这取决于商品的边际替代率递减规律。

2. 消费者效用最大化的均衡

消费者在约束条件下购买商品，人们将选择提供效用最大的一种，即消费者的最优购买行为必须满足两个条件：第一，最优的商品购买组合是消费者最偏好的商品组合，即最优的商品购买组合，是能够给消费者带来最大效用的商品组合；第二，最优商品购买组合位于给定的预算约束线上。预算约束线可以和无差异曲线一起来表示效用最大化的过程。

消费者效用最大化的均衡条件说明，在给定的预算约束情况下，要获取最大的效用，消费者就必须使得这两种商品的边际替代率等于它们的价格之比，这样的商品组合才是均衡的商品组合。当消费者进行商品消费组合时，最后一单位货币得到的边际效用相等时，就达到了效用最大化。显然，这一结论与前面采用基数效用分析法时得到的结论是一致的。

第二章 农村集体经济组织的发展与管理

随着中国农村经济的快速发展，农村集体经济组织在推动农业现代化和农村振兴中发挥着重要作用。本章分析农村集体经济的概念、影响及其管理策略，以期为相关领域的实践提供有益的参考。

第一节 农村集体经济概述

一、农村集体经济的概念界定

农村集体经济作为我国集体经济的重要组成部分，其内涵也必然随着集体经济内涵的发展而变化，农村集体经济概念也随着农村改革的发展而分为传统农村集体经济和新型农村集体经济。

（一）传统农村集体经济概念的形成

传统的农村集体经济概念的形成主要是从 1953 年至改革开放前。1950年至 1952 年农村土地改革的完成，标志着农村废除封建土地所有制，建立了农民土地所有制，极大地释放了农民的生产积极性，农村经济与生产力都得到了恢复和发展。但传统小农经济有它自身的局限性和落后性，而且农民的土地所有制也与我国社会主义性质不符，因此从 1953 年开始我国开始了对农业的社会主义改造，也由此拉开了我国对农村集体经济探索的序幕。经过互助组、初级社、高级社的发展，到 1956 年底基本上完成了对农业的社会主义改造，实现了土地等主要生产资料的私有制向集体所有制的过渡，集体统一经营，社员个人消费品实现按劳分配。1958 年，以"一大二公，政经合一"为特征的人民公社成立，废除了一切私有财产，原属于高级社的生产资料无偿归公社所有，在公社范围内统一生产，统一核算，统一分配，后经调整改为"三级所有，队为基础"的经济管理体制，但仍存在着管理过分集中、经营方式单一及分配上的平均主义等问题。[①]

因此，与这段历史时期相适应形成了我国传统的农村集体经济概念，即在土地等主要生产资料集体所有（公社内三级所有）的前提下，与计划经济体制相适应，以生产队作为基本核算单位，农民集体生产，集中劳动，集中管理，统一分配。

（二）新型农村集体经济概念的形成

新型农村集体经济概念的形成主要是从改革开放之后。1978 年后，家庭承包经营责任制的推行打破了人民公社时期集体所有，高度集中统一经营的农业生产经营方式，土地等主要生产资料的所有权与使用权相分离，形成了集体统一经营与家庭分散经营相结合的双层经营体制，取消了平均主义的分配方式，实行了"交够国家的，留足集体的，剩下全是自己的"分配制度，从而扩大了农民的经营自主权，释放了农民的生产积极性。但对"分"的过于重视，对"统"的忽视，使得农村集体经济在经历了乡镇企业的短暂繁荣后不断衰弱。伴随农村改革的深化，市场经济体制的逐步建立和完善，分散的小农户无法有效应对竞争激励的大市场，迫切需要农村集体经济发挥"统"的功能，而农村集体经济产权的模糊又阻碍了农村集体经济的发展壮大。于是现实中的矛盾和需求激发了农民探索农村集体经济有效实现形式的热情，围绕农村集体经济产权改革所形成的一些新型的农村集体经济实现形式不断涌现，中央政策和文件也对新出现的实现形式给予了肯定，并为其指明了前进方向，农村集体经济发展进入一个新的阶段，也由此发展了我国农村集体经济的内涵，形成了新型农村集体经济的概念。

所谓新型农村集体经济，是指与社会主义市场经济体制相适应，实行基本生产资料和资产的共同所有和按份所有，农民根据一定区域与产业按照自愿互利原则组织起来，在生产和流通环节实行某种程度的合作，组织内实行民主管理，组织外采用市场化运作，实现统一经营与承包经营的有机结合，所得收益实行按劳分配与按要素分配相结合，在集体财产保值增值中实现集体成员利益共享的公有制经济。

---

① 冯蕾. 中国农村集体经济实现形式研究 [M]. 北京：新华出版社，2016：30.

二、农村集体经济对新农村建设的影响

我国目前已进入以工补农，以城带乡的新的历史阶段，如何加快农村发展关乎城乡和谐社会的顺利构建。而农村集体经济作为推进新农村建设的重要抓手，其本身发展的好坏直接关系到社会主义新农村建设的成功与否。

(一) 有利于农村生产发展

社会发展经济先行。生产发展是新农村建设的中心环节，也是实现其他目标的基础。

首先，农村集体经济能够改善农业生产条件，提高农业生产效率；当前中央和地方政府没有充足的财力去满足各地农村生产条件的全面改善，而单靠村民"一事一议"也无法有效解决这一问题，因为无法避免"搭便车"者及其引起的连锁反应。因此农村集体经济就成为农村农田水利灌溉、生产技术、机械化耕作等农业生产条件改善的主要承担者。

其次，农村集体经济能推动农业适度规模经营的实现，促进农业现代化。农业现代化从本质上说是现代高效率生产要素替代传统落后生产要素的过程，只有农业适度规模经营才能使上述替代过程在经济上是可行的，因此土地有效流转是农业现代化的关键，而农村集体经济的地位使其在促进土地流转实现农业适度规模经营上具有优势。因为实践中许多农村集体经济发展较好的村庄，集体经济组织本身就是农业适度规模经营的主体，相比于个体的适度规模经营，集体所实现的土地连片规模更大，土地流转的规范性更强，而且农村集体经济实力的强大也能更好地保障流转土地农户的利益，从而使农户将土地流转给集体的积极性更高，有效降低了土地流转的成本。

最后，农村集体经济能促进农村产业协调发展。农业现代化不仅仅是农业生产环节的现代化，而且也是农业产供销的一体化。农村集体经济通过发展与农产品相关的加工业、服务业，走农业产业化道路，提高农产品附加值，既能促进农村产业结构的调整，又能推动农村经济的发展。

(二) 有利于农民生活富裕

收入是农民生活富裕的基础，因此农民收入的稳步提高不仅关乎亿万

农民的生活质量，也关乎国家的社会稳定。伴随我国市场经济的深入发展，分散单干的家庭生产与竞争激烈的大市场之间矛盾日益凸显，"买难卖难"成为小农户进入大市场后面临的主要难题。而农村集体经济可以成为一个有效的中介桥梁，内可聚合分散农户，外可有效联结市场，既能提高农户市场谈判地位，提升其农产品价格，又能以集体面貌参与竞争，有效降低交易成本，因此一方面是收入的增多，另一方面是成本的降低，集体经济的参与保障了农民纯收入的不断提高。而且农村集体经济还能扩充农民的收入渠道，现实中一些新型的农村集体经济实现形式如社区股份合作社（公司）、土地股份合作社等，农民作为股东不仅可以分得股份收入，还可以凭借劳动参与取得劳务报酬，从而形成收入来源的多元化。与此同时，农村集体经济的快速发展也为农民享受良好的福利保障提供了经济基础，实践中许多集体经济发展较快、较好的村庄，不仅为村民提供增收机会和渠道，还为村民提供养老保险、生活救助等，从而使农民在生活富裕的同时，老有所养，病有所医。

（三）助推乡风文明建设

农村精神文明建设作为乡风文明之魂，是改变乡村精神文化生活匮乏、落后，构建城乡文化一体化的关键，而核心价值理念、文化、法治是精神文明的重要组成部分。

首先，农村集体经济的发展有利于农村社会主义核心价值观的形成。因为集体经济发展本身就代表着或宣扬着一种社会主义核心价值观——集体主义。农民眼前利益的发展离不开集体经济，农民长远利益还得靠集体经济保障，因此在新型农村集体经济中，农民与集体形成了一个紧密的利益共同体，集体在正确协调和处理农民与集体关系的过程中，推动着农民眼前利益与长远利益的协调发展，实践着以农民利益为根本出发点的集体主义思想。

其次，农村集体经济为农村文化建设提供物质基础。集体经济的发展壮大可以使其有更强的经济实力为农民提供各种文化基础设施，满足农民多层次的精神文化需要，养成健康文明的生活方式。而且还可以为农民提供各种教育培训，不仅让农民学知识还让其懂技术会管理，从而实现向现代新型农民的转变。

最后，农村集体经济可以推进农村社会治安的综合治理。集体经济可以凭借其集体地位的号召力、影响力以及其经济发展的实力，以农民喜闻乐见的形式宣传国家法律规范、村规民约，引导农民崇尚科学，破除陋习，树立法治意识，推动依法治村、以法安民、平安乡村的社会治安综合治理目标的实现。

(四) 促进村容整洁的实现

村庄既是农民生活的家园，也是农民世代繁衍生息、难舍的故土，因此新农村建设中村容整洁的目的就在于创造和提供适合农民生活宜居的人居环境、生态环境和各种基础设施。我国农村由于整体经济发展较之城市落后且农户居住分散，因此实现村容整洁的目标并非易事。而农村集体经济的发展壮大可以为农村人居环境、生态环境、基础设施建设提供专项资金。由于我国目前城乡二元的结构体制尚未得到完全扭转，村容整洁单靠国家有限的财政投入是无法有效实现的。如果说国家财政对农村的资金支持是"输血""授人以鱼"的话，那么只有农村集体经济的强大才能真正实现"造血"，才能为新农村道路硬化、水体清洁、电网通畅、空地绿化、空气净化、村庄亮化、楼房美化提供充足资金支持和长效保障，这才是"授人以渔"。

另外，村容整洁是一个涉及全体村民利益的系统工程，不是一朝一夕、一蹴而就就能完成的，也不是一家一户能办得到的，因此这就需要农村集体经济组织在整个农村社区范围内进行整体规划，统一部署、有力组织协调，改变旧农村的脏、乱、差，实现新农村建设的村容整洁。

(五) 保障管理民主的实现

农村是农民的农村，所以新农村建设中的管理民主是指农村的各项工作需要广大农民以主人身份，自觉、自愿、自主地参与决策、管理和监督，从而实现有效的村民自治和当家作主。农村集体经济作为社会主义公有制的重要组成部分，既代表了农民的共同经济利益，也体现了农民对民主管理、当家作主的诉求。传统的农村集体经济由于产权上的模糊性，在缺少外在民主监督的条件下退化成了少数人说了算的"干部经济"，而新型农村集体经济在产权上的改革和发展，使农村集体经济真正实现了"民有、民管、民享"。这种新型农村集体经济的不断发展，一方面使农民真正掌握了与自身权益相关的话语权、决策权和监督权等；另一方面也增强了农民的民主自觉意识，激发了其参与民主管理的积极性，从而有效地推动了村民自治的实现。因此，农村集体经济组织既是农民自我管理提高，当家作主的理想形式，也是农村制度文明实现的有效载体。

综上所述，新农村建设既有物质文明又有精神文明，既有经济建设，又有文化建设，是一个全方位、立体化、多层次的系统工程，它的实现不仅需要充足的资金支持，也需要强有力的组织保障。这一重担远非一朝一夕、一家一户能够完成，因此只有依靠农村集体经济的发展才能完成这一艰巨使命，也只有农村集体经济才能在推进新农村建设过程中，实现农业发展、农民富裕和农村繁荣。

第二节　农村集体经济组织管理人员的激励机制

集体经济的发展离不开广大农村集体经济组织管理人员的辛勤付出。农村集体经济组织管理人员承担着农村建设、发展经济的重任，是乡村振兴战略的践行者、主力军，发挥着重要作用。

当前，中国许多农村集体经济组织管理人员的薪酬一般由相应区县制定，薪酬构成也较为固定，相比较其他基层农村集体经济组织管理人员而言，农村集体经济组织管理人员工作环境艰苦，工作压力大，任务重，薪酬却不高，这样的工作很难留住人才。在农村集体经济组织管理人员的薪酬构成中，各乡镇政府可以根据实际工作情况结合财政实力，发放一定数额的奖金给农村集体经济组织管理人员。但是，这笔奖金在很多农村依然没有起到很好的激励作用，原因就在于奖金的分配方式和金额设置可能存在不合理性。如何充分利用这部分资金，有效激发农村集体经济组织管理人员工作的积极性，留住优秀人才，对于乡村振兴战略的全面实施具有重要的现实意义。

一、农村集体经济组织管理人员薪酬制度存在的问题

（一）基本薪酬部分过于平均化

根据调研发现，不同规模的村社人口是有差别的，可能差距还比较大。农村集体经济组织管理人员管理不同人口规模的村庄职务薪酬基本上是没什么差别的。举例而言，一个1000人以上的村庄农村集体经济组织管理人员的工作量应该比一个500人以下村庄农村集体经济组织管理人员工作量多，但是两个人的薪酬却没有差别多少，劳动报酬没有体现"按劳分配"的原则，这容易挫伤农村集体经济组织管理人员的积极性。

（二）薪酬标准相对较低，并且缺乏长期增长机制

农村集体经济组织管理人员薪酬标准在基层管理人员中相对较低，和从事其他管理工作人员薪酬相比也可能处于劣势，很难吸引优秀人才加入。经过调查发现，农村集体经济组织管理人员的薪酬增长机制主要依靠上级部门下达专门文件进行规定，各地并没有制定适合自身情况的农村集体经济组织管理人员薪酬增长制度，一些财政相对紧张的地区，农村集体经济组织管理人员甚至多年都没有涨过工资。大部分农村集体经济组织管理人员由于生活保障需要，会在担任农村集体经济组织管理人员的同时，在外兼职。农村集体经济组织管理人员进行兼职虽不违反上级有关规定，面对日常忙碌的工作，兼职可能会影响本职工作的办事效率，这会影响农村集体经济的发展。

二、农村集体经济组织管理人员薪酬激励机制的完善

（一）加强薪酬激励理论基础分析

按劳分配理论认为每个人的酬劳是依据他的工作量进行分配，体现"多劳多得，少劳少得"的分配思想。公平理论认为员工不仅关心自己的努力与获得报酬的绝对数量，同时也关心自己的报酬与他人报酬之间的关系。这两种薪酬激励理论对于薪酬激励机制的设计具有重要的启示作用，不同岗位与能力的农村集体经济组织管理人员收入应该有所差异，其差异具体体现在基

本薪酬水平设计的内部公平性。当个人与不同岗位，同一职位，不同工龄的人进行对比，如果感觉公平，对薪酬满意，则对个人具有激励性。收入差距的拉大有利于形成激励，农村集体经济组织管理人员的收入要具有竞争性，过低的薪酬水平，很难招到优秀的农村集体经济组织管理人员，不仅如此，还可能导致现有农村集体经济组织管理人员的忠诚度下降。薪酬水平实行动态调整，根据环境的变化、工作岗位、工龄等的变化适时调整。

1. 坚持正向激励

正向激励有助于地方基层农村集体经济组织管理人员队伍进发工作热情，创造部门工作业绩，提升个人工作绩效。

一个人工作态度的好坏，直接影响到工作的成果。正向激励的作用可以有效消除负面情绪带来的消极怠工、害怕犯错、"丧"文化兴起的不良影响。正向激励的作用不仅仅体现在个人上，对整个组织的影响也是深远的，对个人可以起到很好的示范作用，可以提高整个组织的向心力和凝聚力。

2. 激励方式多元化

薪酬激励的方式不应只局限于货币这一种方式，提供与职务晋升相关的职业培训机会，培训内容和方式可以根据不同农村集体经济组织管理人员的特点进行个性化定制，并把教育培训的成效纳入年度业绩考核，作为职务晋升和薪酬提高的重要依据。给予一定时间的弹性工作安排，注重给予职工人文关怀，奖励工作表现突出的职工更多荣誉等多项内容。物质激励固然重要，精神激励也是一种重要的激励方式，它能够调动农村集体经济组织管理人员对待工作的热情和主观能动性。随着人们对美好生活的日益向往，人们对精神生活的需求也不断增加。因此，激励方式也应该与时俱进，扭转重物质轻精神的激励方式，最大限度满足农村集体经济组织管理人员的精神需求。

（二）薪酬激励方案的设计

农村集体经济组织管理人员薪酬可设计为由基本工资、职务工资、绩效工资、集体经济项目奖励和突发事件处理情况奖励五部分构成。基本工资每月相对固定，工资标准主要由各乡镇根据具体情况而定，但一般设定一个保底工资标准。职务工资是指根据农村集体经济组织管理人员的职位等级不同、从事的工作内容不同所发放的补贴。它主要按照职务级别分为社长、副社长和社委会成员三个档次发放，每个农村集体经济组织管理人员的级别可以体现一定的差异，但一般应设定一个最高标准。

绩效工资是整个薪酬部分的重点，绩效工资是根据农村集体经济组织管理人员完成各项工作任务的情况进行考核并根据考核结果给予的奖励。农村集体经济组织管理人员薪酬激励机制应当在充分结合基层实际工作，保障农村集体经济组织管理人员基本收入的基础上，通过制定合理、有效的绩效分配方案充分调动农村集体经济组织管理人员工作的积极性，加强绩效工资与绩效考核的关联性。各乡镇围绕各项工作任务完成情况，合理制定农村集体经济组织管理人员绩效考核办法。绩效考核办法可以围绕项目进行设置，将考核工作更加细化。绩效项目可根据实际分为以下几种类别的工作任务：安全生产监督工作、公共服务与管理工作、土地开发工作、集体经济组织管理工作、经济建设工作、其他相关工作等方面。每项类别的工作任务又可以细分具体实施子项目，具体子项目设计根据各个地方的实际情况而定。集体经济组织管理工作是考核工作的重点部分，它管理的好坏，直接影响到整个村社经济的发展，因此，绩效工资发放应当将其管理情况作为重点考核项目。集体经济组织一般包括集体资产"三资"平台交易量、财务情况和审计检查整改情况、合同管理和经营性项目管理等内容。

经济效益增长奖励。集体经济发展一般是指村集体通过配置集体土地资源、物业资产、资金等生产要素获得集体经济收入的过程，它是乡村振兴发展中的重要基础。由此可见，集体经济组织的效益关系着集体经济的发展，对于农村集体经济组织管理人员而言，具有十分重要的意义。经济效益增长奖励是将集体经济组织当年可支配纯效益与上年相比增长的一定比例，作为奖励的依据。该项奖励应由基层单位按照相关文件要求和系统统计数据进行核算，所涉及的各项经济数据必须准确、可靠。如果没有增长，则不奖励。

因村施策制定农村集体经济组织管理人员贡献薪酬制度。属于股份合作制的集体经济，可适当提高农村集体经济组织管理人员参股入股比例；属于资产经营类集体经济的，综合考虑经营、收益等情况，安排适当资金用于农村集体经济组织管理人员岗位补贴、劳务报酬；属于村办产业的集体经济，根据年纯收入增长情况，采取"一事一议"办法，核定农村集体经济组织管理人员贡献薪酬比例。同时，根据村集体产业实际情况，可推行农村集体经济组织管理人员承租经营、托管代管等方式，拓宽利益联结机制，用赋予农村集体经济组织管理人员的政策实惠，推动集体经济崛起壮大，让所有群众享受发展红利。

第三节　农村集体经济组织管理的有效对策

面对农村新型集体经济组织发展遇到的若干问题，本节将提出一些建议，以期促进农村新型集体经济组织的广泛建立和良好发展，并推进农村集体经济的发展壮大。

一、提升农民合作意识，塑造农村新型合作文化

要解决我国农村集体经济组织内部农民间合作意识淡薄和农村集体经济组织之间合作意识同样淡薄的问题，就需要从根本上提高农民的合作意识，塑造农村新型的合作文化。具体而言，要增强农民的合作意识，加强农村新型集体经济组织间的合作，就需要从以下几个层面努力。

一是通过示范与引导，增强单个农户的合作意识。这就需要针对上面所提到的导致农民合作意识淡薄的原因对症下药。主要是降低农民间合作的成本，增加合作收益，从而吸引农民参加农村新型集体经济组织。这里的关键点就在于要通过发展壮大一批农村新型集体经济组织，让参与合作经济组织的农户真正得到益处，这样才能起到示范与引导的作用，才能更有说服力，才能对作为"经济人"的农户起到吸引作用，才能增强其合作意识，引导其积极参加农村新型集体经济组织。

二是通过政策支持，增强合作社的合作意识。这主要是在政府的积极支持下，实现合作社之间的合作，创建联合社，推进各单个合作社的要素能够在更大范围内得到更加自由和更加有效的配置，从而提高要素的使用效率。但这里需要政府从法律法规的视角给予支持，即应从法律视角及早明确联合社的地位和作用，以及组建联合社应遵循的基本法律法规等，以促进农村新型集体经济组织之间的合作，从而壮大集体经济组织的整体实力，促进

其健康发展。

三是通过各方努力，塑造农村新型合作文化。增强农民的合作意识，其最持久、最根本的办法就是塑造农村新型合作文化。这主要包括在农村大力普及合作理念，推广合作思想，让农民真正知晓合作、合作经济组织对于农业发展、农村进步、农民增收的重大意义，从而逐步增强农民的合作意识，不断提升合作社的自身能力。

二、创新经营形式，走多元发展道路，增强产业支撑

要促进农业现代化，推进农村新型集体经济组织的发展壮大就必须具有强有力的产业支撑，并建立在一定的产业基础之上，而不是建立在小农经济和农民个体经济基础之上。只有增强自身产业支撑，发挥自身产业优势才能增强农村新型集体经济组织的凝聚力、号召力，也才能进一步推进农村集体经济组织的发展。增强农村新型集体经济组织的产业支撑力，必须创新经营形式，走多元化发展道路。具体而言：

一是改变"集体经济组织不再搞企业"的片面观念，在考察本地区资源环境状况许可的条件下，创办具有地方特色的实体产业，以促进农村新型集体经济组织的发展。

二是支持农村新型集体经济组织充分利用土地资源和诸如林、矿、水资源等资源优势，对资源进行有效开发，创办具有特色的实体产业。

三是跳出大多数农村新型集体经济组织仅靠土地流转获取收入的单一化经营模式，可以以投资或出租资产作为股本金，单独或共同收购、参股、入股或控股有发展潜力、有知名度且属国家重点扶持产业的国有大中型企业或外资企业，以壮大集体经济实力。

四是发展农业产业化经营。农村新型集体经济组织要积极探索规模型种养业和农副产品的精深加工业，积极组建龙头企业，以龙头企业带动农户，进而促进农村新型集体经济组织的产业化发展。

五是农村新型集体经济组织可以发展服务业。即为工业园区、农民集中居住区进行配套服务，包括发展物流运输、物业管理、餐饮、娱乐、特色旅游等第三产业。

六是在集体经济发展较好的地区，农村新型集体经济组织可以跨区域

进行投资，到外地甚至国外投资发展现代工业、现代农业、现代物流、生态旅游业等生产生活服务行业。同时，农村新型集体经济组织还可以创建联合社，促进集体经济组织之间的合作，以实现要素在更广范围内的流动，提高要素使用效率。

七是农村新型集体经济组织可以投资购买目前经营状况较差，但不动产资产完好或者资源较多的企业，通过低价回购，重新整合，在带动投资企业发展的同时，也促进自身的发展壮大。

三、完善资金筹措机制，强化财政"适时、适度"扶持力度

实践表明，政府利用农村集体经济组织这个中介，对农业和农民提供各种财政支持，能够起到强化农业基础设施，提高农业现代化水平，引导调整农业产业结构，增加农民经济收益的目的；同时，也可以进一步支持农村集体经济组织的发展，巩固农村集体经济。但是，我国的现实却是，长期以来受到我国金融机构重工业、轻农业的政策影响，我国农村集体经济一直缺乏发展资金。虽然近几年我国支农资金有所增加，但增长幅度有限，这在一定程度上制约着农村新型集体经济组织的建立和发展，因而必须完善融资政策，加大财政资金对农村集体经济发展的扶持力度。

主要措施包括：其一是各地政府可以按征收土地出让总金额的一定比例提取土地补偿基金，专项用于支持农村新型集体经济组织的发展。其二是充分发挥各级农投公司的作用，为在发展壮大过程中，缺乏发展资金的农村新型集体经济组织提供必要的信贷担保，引入民间资金，真正发挥专项资金的粘贴作用和经济社会效益。其三是要加大信贷资金对农村集体经济发展的扶持力度，只要项目好，收效快，银行部门就应该大力支持。这里值得一提的是，在调研过程中，不少地方市已完成对农村土地的确权工作，并对拥有集体资产的农村新型集体经济组织颁发集体资产产权证，使得集体经济组织可以以集体资产作为抵押而获得金融部门的贷款，便利了农村新型集体经济组织的融资之路。其四是要积极探索发展农村金融业，在具备一定经济实力的农村可大力推进民间金融组织的建立，以开展信贷业务，为农村新型集体经济组织的发展提供所需资金。

四、创新用人制度，健全人才培养与使用机制

管理人才和专业型技术人才是农村新型集体经济组织发展的关键，面对人才缺失的状况，农村集体经济组织必须创新用人制度，建立健全人才培养和使用机制，以便能在培养所需人才的同时，吸引人才并留住人才。

一是建立集体经济组织的职业经理人培养制度。职业经理人作为企业特殊的人力资本，是企业战略制定与实施的核心力量，其能力和观念直接影响着企业的未来。同样，集体经济组织的职业经理人也是组织的核心，它不仅具有管理、策略制定与实施等方面的才能，还具有一定的组织力、凝聚力与带动作用。但是，目前对于农村新型集体经济组织而言，职业经理人的培养还处于空缺状态。因此，农村新型集体经济组织要尽快建立相应的职业经理人培养制度，以培养出合格的经理人，并用其专业管理能力，协助农村新型集体经济组织的管理层进行经营管理职责，以提高集体经济组织的运作能力，使社员能够获得高度的信赖与应有的回报。

二是建立农产品经纪人制度。农产品经纪人是经销农产品及其加工产品的生力军。他们能够利用收集到的第一手信息及时准确地预测市场走向，从而确保决策的正确性和时效性；同时，还能够通过联合农户，提高农户的组织化程度，增强农户在产品市场和要素市场中的竞价能力，平等地参与市场价格形成。此外，农产品经纪人还发挥着纽带的作用：其一端把市场需求和本地生产紧密连接起来，使本地资源优势能快速转化为市场优势；另一端又将农民与其他交易者联系起来，使零散的农产品能够集中起来交易，从而加快农业的产业化经营。

三是农村新型集体经济组织在培养人才的同时，要提高人才待遇，优化用人环境，给人才以宽松的施展空间，以期能够吸引人才并留住人才。

五、建立民主管理、民主监督机制，提高监管效率

有效的管理监督体制是农村新型集体经济组织良性运行的保障。农村集体经济组织要积极创建民主管理、民主监督机制，提高监管效率。其具体措施包含以下几个层面。

一是在各级设立集体资产管理委员会，确立集体经济的专门管理主体。

各地政府应尽快研制《农村集体经济组织及集体资产管理办法》等相关文件，在其管辖范围内对农村集体经济组织予以规范，对集体经济组织管理机构的设置和产生及其权利义务进行界定，同时，明确农村集体经济组织的章程、规章制度、财务管理制度、经济分配制度等。

二是健全和完善农村集体资产产权证制度，赋予农村集体经济组织法人地位。任何经济组织要想真正融入市场经济激烈的竞争中，就必须拥有明确的法人地位，具备法人资格。因此，农村新型集体经济组织作为市场主体，要想在激烈的市场竞争中拥有一席之地，就必须在法定的政府机关注册登记，取得法人资格。

三是建立健全农村新型集体经济组织的监管体制。这主要包括：相关部门要指导、督促农村新型集体经济组织按照《公司法》和《农民专业合作社法》等的要求完善相关手续，核实其利益联结机制、分配机制的建立和完善情况；充分发挥代理会计核算中心和会计委派制度的监督作用，把农村新型集体经济组织财务管理纳入代理会计核算中心，使其资产经营、收支与分配等情况受到审计监督；此外，当农村新型集体经济组织负责人离任时，必须接受集体资产和财务管理部门的离任审计等。

六、明确剩余索取权，实现机会主义行为减少与监督成本降低的"共存"

剩余索取权的明确与否关系到农村新型集体经济组织是否具有合理的治理机制，是否能够实现激励机制与约束机制共同发挥作用，促进农村新型集体经济组织的发展壮大。剩余索取权是一项索取剩余价值的权利，简而言之就是对利润的分配。但农村新型集体经济组织中的剩余索取权问题所涉及利益要在全体社员间进行分配，同时又要顾及管理者的利益。只顾前者而不顾后者的利益分配方式必然会导致农村新型集体经济组织内部激励机制与约束机制"双缺失"[①]，从而降低集体资产的管理和利用效率，最终导致社员利益的损失。而要避免这一情况的出现就必须减少管理者的机会主义行为，同时降低集体经济组织的监督成本。

具体而言：减少经营管理者的投机取巧行为可以使用道德与经济两种

① 罗静. 中国农村集体经济发展困境及治理研究 [M]. 成都：四川大学出版社，2014：228.

手段。就道德层面而言，提高集体资产经营管理者道德素质和道德修养，树立其为集体服务的强烈心理，以减少其机会主义行为，但这一措施的力量有限。就经济层面而言，可仿照其他经济实体避免经营管理者机会主义行为的做法，即将一定的剩余索取权分配给经营管理者，使其与全体社员利益取向完全一致，形成利益共同体，以减少其机会主义行为。成都市宝山村就是赋予了经营管理者一定的剩余索取权，即给予经营管理者一定的股份份额，从而增强了集体经济组织对经营管理者的激励，减少了经营管理者的投机取巧行为，提高了管理效率；同时，又通过多种现实可行的监督方式，提高了监督效率，因而获得了长足的发展。但值得注意的是，宝山村集体经济的发展壮大与其经营管理者具有较高的道德素质、深厚的集体主义精神、为民服务的热情和责任感是分不开的。

第四节 农村集体经济组织的财务管理工作

在农村集体经济组织的各项管理工作中，财务管理工作无疑占据着重要地位，对农村的经济发展起着举足轻重的作用。然而，在实际的工作中，农村集体经济组织的财务管理却存在着诸多问题，在一定程度上阻碍了农村经济的发展，不利于乡村振兴工作的展开。因此，及时发现并解决好我国农村财务管理中的问题，对于农村集体经济组织的健康发展具有重要意义。

一、农村集体经济组织加强财务管理的意义体现

无论是在企业中还是在农村集体经济组织中，财务管理都具有极其重要的意义。农村集体经济组织的财务管理，即组织农村集体社会的财务活动，处理农村集体社会财务关系的经济管理活动，主要包括融资管理、投资管理、经营管理以及利润分配管理四部分。而农村集体经济组织加强财务管理也将对这四个部分产生影响。

融资管理：对农村集体经济组织的资金来源进行管理，可以拓宽集体经济组织的融资渠道，解决农村以往"融资难""融资贵"的问题，健全农村金融体系，合理控制农村集体经济组织的负债比例，助力农村经济发展。

投资管理：合理分配农村集体经济组织用于投资的闲置资金。比如该购买怎样的金融产品来实现资金的保值增值。做好投资配置，有助于农村集体组织收入的增长，使其经济发展事半功倍。

经营管理：对农村的各项业务活动进行管理，这关系到农村的生产经营活动，做好经营管理，对农村、农民的收入具有重要影响。

利润分配管理：农村集体经济组织通过一系列活动取得了收入，是全部保存在集体组织中，是留作下一阶段的资金，还是拿出一部分收入用于提高农民生活水平，如修建一些公共设施等。合理的分配管理能激发农民的积极性与创造性，从而为集体组织创造更大的价值。

二、农村集体经济组织财务管理中存在的问题

(一) 财务人员综合素质水平偏低，缺少专业人才

我国的农村集体经济组织的财务管理活动，主要由财务、会计人员负责开展，财会人员的整体素质水平直接决定了农村的财务管理工作能否做好。另外，由于农村集体经济组织不同于一般的企业，而是具有其自身的特点与复杂性，所以会对财务人员提出更高的要求。财务人员需要拥有过硬的本领来匹配岗位的要求。然而在实际的农村财务管理工作中，相当一部分财务管理人员其实并不具备相应的专业知识和技能。例如，有些村集体的会计并没有获得会计师从业资格证，属于"无证上岗"；还有一些村干部任人唯亲，让自己的亲戚担任财务人员，而这些人又不具备相关的知识技能储备，在决策中就会出现或大或小的问题，影响农村集体经济发展；此外，目前农村也面临着相当严重的人才流失问题，村内拥有较好教育背景的年轻人大多数选择前往大城市谋求发展，而不愿意留在农村，这也使得农村财务人员老龄化问题严重。对于这些财务人员而言，由于不具有相关的财务管理、会计方面的专业知识储备，只能完成最基础的记账工作，对于村集体财务运作过程中面临的问题，不能及时有效地给出解决措施，面临融资、投资、经营、分配的选择时，也不能做出合理的决策。部分不合格的财务管理人员，降低了农村集体财务管理的效能，损害了农民的集体利益。

（二）管理机制有待完善，管理程序仍需规范

当前，我国农村财务管理还没有一套详尽的管理流程与机制。没有统一制度的指导，财务人员在开展工作时就会缺乏方向，难以按照规范的要求统一行动。同时，许多村集体对财务人员的职责界定十分模糊，导致部分财务管理人员不知道要管理哪些事情，不知道应该怎么管理。此外，前文也提到，我国农村的财务人员选举制度并不完善，或者制度并没有被很好地贯彻落实，不少地区的财务管理人员由村干部直接任命，无法收到很好的效果。农村财务管理机制的不健全，具体表现在以下几个方面。

一是资金并没有得到有效利用、管理。在农村集体经济组织的经营管理中，往往存在着没有明确的收支计划，缺乏预算管理，导致乱收取乱支出的问题。对于一些应收款项和债务，村财务管理人员不能按时按数额收取；在支出时大手大脚，甚至存在着公款私用、违规接待等违纪违法行为，极大破坏了农村集体财务管理工作的有效性。同时，缺乏预算管理很容易导致村集体收不抵支，债台高筑，影响农村集体经济的长期健康发展。

二是审批流程不规范、不科学。在实际财务管理工作中，一些工作人员违反相关流程规定，未经公开招投标，未经村民和村民代表会议决定，私自进行土地征用、基础设施建设等大型项目方面的审批，严重损害了村民和村集体组织的合法权益。

（三）监管不到位，对财务人员行为缺乏监督

当前我国许多农村集体组织仍然存在村干部"一言堂"的情况，虽然设立了所谓的"民主监督小组"，但在大多数情况下并不能起到监督的效果，导致了一些不合理收入和支出的产生。此外，随着农村集体经济组织账目数额不断增加，分类项目逐渐复杂，理应需要更系统严格的监督体系。可我国大部分的农村集体还未建立配套的监督体系，监督的缺失将会导致权力的滥用。一部分财会人员通过种种途径钻空子、做假账，严重损害了农村集体经济组织的利益。

三、农村集体经济组织加强财务管理的有效措施

(一) 提升财会人员综合素养，实施人才引进计划

在农村集体经济组织中，人才是财务工作开展的重中之重。当前许多农村的财务工作遇到问题与困难，归根结底是由于相关人员素质能力的缺失。因此，对于财务人员要不断充实他们的基础专业知识，不断丰富相关的工作经验。对于会计人员，一定要持有相关的会计师从业资格证书，杜绝"无证上岗""任人唯亲"的现象的出现。具体做法可以由农村集体经济组织牵头开设培训班、讲座等形式，组织一系列培训，夯实从业人员基础知识技能；学习一些面对财政困难时的应对方法，以及在面对投融资、经营和利润分配问题时的合理决策。针对农村人才流失和从业人员老龄化问题，村集体可以大力实施人才引进计划，响应国家鼓励"大学生下乡"的号召，吸引本村的专业人才学成返乡，或是引进一些年轻有朝气，具有专业知识素养的人才，帮助本村的财务管理工作更上一层楼。

(二) 积极落实完善财务管理机制与程序

目前，我国农村集体经济组织的财务管理制度还需在多个方面进行完善。

一是人事任命制度。或是由民主选举产生，或是持证通过公开途径应聘上岗，一定要做到透明公开，杜绝村干部直接指派、任命的现象。

二是必须制订科学有效的预算收支计划，增强预算管理的意识。对于应收款项和债务，要按时、足额收取，减少坏账、糊涂账的出现；支出必须严格遵守规定，杜绝公款私用，假借名义违规公款吃喝的现象。对于债务债权问题要及时清理，避免记账不及时和账目遗失等问题。同时，对于农村集体经济组织的资产与负债进行系统的排查，明确分类，对资产进行合理利用以偿还负债，消除负债给村集体经济带来的不利影响，由此来实现资金的合理流动。

三是必须对审批程序进行严格规定。财务人员的一切活动都要有章可循。明确财务人员的职责，使他们在规章制度的引导与约束下开展工作。例

如，村内设计土地、基础设施建设等的大型项目必须在充分听取各方意见后才能实施，由此来避免损害集体利益的情况发生。

(三) 加强监管，监督小组切实发挥监管责任

我国农村集体经济组织财务管理工作目前监管不力，账目公开透明度较低，这也在很大程度上制约了集体组织经济的发展。想要加强监督，就需要民主监督小组按照相关的规章制度，切实起到监督职责。民主监督小组要由同样具备相应财务管理专业知识的人才组成，合理评估村集体财务管理人员的工作。同时，村集体的财务管理工作也要向社会公众公示，接受群众的监督。在审查的过程中，要注意档案的收集与保存，把各项工作记录按类别整理好，形成电子版和纸质版的档案进行妥善储存。这样，如果在此后的工作中发现了问题，可以追本溯源进行处理。此外，审计工作也会对财务管理的效果产生显著影响，农村地区必须将审计工作做细做实。这方面，可以按照国家或地方关于审计工作的法律法规与指导意见，开展农村的审计工作，务必要注意工作的程序性与规范性，使审计工作发挥应有的效用。

总之，随着国家对农村的重视程度不断提高，"三农"问题的逐步解决，农村经济正处在一个飞速发展的阶段，农村集体经济组织的财务管理工作正发挥着越来越重要的作用。解决好农村集体经济组织的财务管理问题，将大大提升农村集体经济活力，助力农村经济腾飞。

第三章　农业经济的全产业链管理探索

农业作为国民经济的基础产业，其发展对于国家经济增长和社会稳定具有重要意义。本章深入分析农业生产的各个环节，包括农产品市场营销、物流管理和生产要素的优化配置，为农业经济管理提供全面的策略和方法。

第一节　农业经济管理概述

"随着我国经济的全面发展，农村经济有了一定进步，农业经济的管理效率有了较大的提升，促进了我国农业经济的发展和进步。"[①] 农业经济管理是指对农业生产部门物质资料的生产、交换、消费等经济活动，通过预测、决策、计划、组织、指挥、控制等管理职能，以实现管理者预定目标的一系列工作。

一、农业经济管理的性质及内容

农业经济管理是一种管理活动过程。农业经济管理的过程就是对农业经济活动中的各个要素进行合理配置与协调，在这个过程中，包括人与人、人与物、物与物的关系协调处理。因此，农业经济的管理，必然表现出生产力合理组织方面的活动和工作，也必然表现出正确地维护和调整生产关系方面的活动和工作。

(一) 农业经济管理的基本性质

1. 农业经济管理的自然属性

农业经济管理有与生产力相联系的一面，即生产力的水平来决定的特

---

① 于丽娟. 农业经济管理对农村经济发展的影响 [J]. 新农业，2022(18)：75.

性，称为农业经济管理的自然属性。在管理活动中，对生产力的合理组织，表现为管理活动的自然属性。对生产力合理组织就是把人、土地等自然资源以及生产资料等生产要素，作为一种具有自然属性的使用价值来对待。具体表现为：①土地等自然资源的合理开发和利用；②劳动力的合理组织；③农业生产资料的合理配备和使用等，以最大限度发挥生产要素和自然资源的最大效益。

2. 农业经济管理的社会属性

农业经济管理也有与生产关系相联系的一面，即生产关系的性质来决定的特性，称为农业经济管理的社会属性。这里主要讲的是农业管理在经济方面，要由一定的生产关系的性质来决定。比如，在人民公社制度下，实行土地公有、集体劳动、按劳分配，农民及家庭只是一个生产成员。目前的联产承包责任制度，保留了土地的集体所有制，建立了集体和农民家庭双层经营体制，把土地所有权与经营权分开，农民家庭既是一个自主生产单位，又是一个自负盈亏的经营单位。农业经济管理在生产关系方面发生了巨大的变化。

（二）农业经济管理的一般内容

农业经济管理的内容是由其涉及的范围和属性决定的。就其涉及的范围而言，农业经济管理的内容包括农业宏观管理和微观管理两部分；就其属性而言，农业经济管理的内容涵盖农业生产力和农业生产关系两个方面。

我国的农业经济管理是社会主义经济管理的组成部分，它包括整个农业部门经济管理和农业经营主体的经营管理。农业部门的经济管理包括农业经济管理的机构和管理体制、农业经济结构管理、农业自然资源管理、农业生产布局管理、农业计划管理、农业劳动力资源管理、农业机械化管理、农业技术管理、农用物资管理、农产品流通管理和农业资金管理等宏观经济管理；农业经营主体的经营管理包括集体所有制农业企业和全民所有制农业企业等各类农业经营主体的经营管理，内容有决策管理、计划管理、劳动管理、机务管理、物资管理、财务管理和收益分配管理等微观经济管理。

二、农业经济管理的目标分析

农业经济管理的目标是指国家在农业经济管理方面所要达到的农业经

济运行状态的预定目标。农业经济管理的目标决定着管理的重点、内容和着力方向。同时，它也是评价农业经济管理工作的重要依据。现实中，农业经济管理的目标包括以下方面。

第一，实现农业增效、农民增收。实现农业增效、农民增收是市场经济条件下政府管理农业经济的首要目标，也是提升农业竞争力、调动农民积极性的核心问题。调动广大农民的生产积极性作为制定农村政策的首要出发点，这是意识形态上正确对待农民和巩固工农联盟的重大问题，是农村经济社会发展的根本保证。尤其是在近年来农民收入增长缓慢，城乡居民收入差距不断扩大的新形势下，更要把农业增效、农民增收作为农业经济管理的首要目标，这是保证农业和农村经济长足发展的动力源泉。

第二，保障粮食安全和其他农产品的有效供给。尽管农业的功能在不断拓展，但为生产生活提供质优价廉、数量充足的农产品仍旧是农业的基本功能。农业经济管理的目标之一就是根据不同历史时期农产品供求关系的变化，制定合理的农业经济政策，并利用财政、信贷、价格、利息杠杆对农产品的生产与供应进行宏观调控，引导农产品的生产与供应。在保证粮食生产安全的前提下，根据人们消费向营养、安全、健康、多样化方向发展的趋势，大力推进农业绿色食品产业的发展，增加绿色食品的市场供给。

第三，优化农业结构，提升产业层次。农业产业结构的合理与否，对于农业经济的良性循环、长足发展和农业整体效能的提升，意义重大。因此，调整优化农业产业结构，提升农业产业层次始终是农业经济管理的重要目标之一。尤其是在我国当前农产品供给总量平衡、结构性矛盾突出的情况下，进行农业结构的战略性调整，推动农业产业结构的不断优化和升级，是我国农业步入新阶段的必然趋势，也是当前农业经济管理工作的中心任务。

第四，转变农业增长方式，提高农业生产效率。促进农业经济增长方式由粗放经营向集约经营转变，由资源依赖型向技术驱动型转变，是改造传统农业、建设现代农业的必然要求，也是大幅度提高农业劳动生产率、土地生产率的根本途径。

第五，实现农民充分就业。在21世纪，中国要解决占世界人口六分之一的农民就业问题，其难度要大大超过20世纪解决他们的吃饭问题。农民就业不充分是农民收入增长缓慢，农村市场购买力不足，农业规模效益低的深层次根源。因此，研究探索实现农民充分就业的途径，理应成为农业经济管理的具体目标。

第二节　农产品市场营销及风险管理

一、农产品市场营销的模式构建

中国作为一个以农业为基础的国家，一直存在"三农"方面的问题，伴随着我国经济科技等水平的长期向好发展，农业产品营销若仍使用原有的分销模式，将很难全面符合当前时代背景对农业发展的相关要求，分析造成这一情况的原因：一是消费者针对农产品的要求日益多元化；二是农产品市场中，同类产品之间的竞争日益激烈，为了杜绝农产品发生滞销，提升农户收益，应当对农产品营销管理模式进行创新，保证农产品营销市场发展更加和谐。与此同时，为了实现社会主义新农村建设，保障我国农村地区的向好发展，必须从科学层面出发，对于农产品市场营销所面临的问题进行深入的剖析，找到最有效的创新管理模式。

(一) 农产品销售市场面临的问题

1. 意识守旧落后

对现有情况进行分析，中国的农产品销售市场所存在的最核心问题表现在农产品销售意识守旧落后。首先是因为农民大多数是依靠自身经验或者基于从众心理来进行农产品的种植类型选择，未能考虑市场需求。除此之外，受到信息、技术资金等多种条件所带来的限制，导致农产品营销受到影响，无法取得理想效果。同时，对于农产品流通中涉及的相关基础设施建设关注不足，导致配套设施、基础环节、营销手段等难以进行良好的衔接，未能取得理想的营销成果。不仅如此，目前国内农产品的销售主体不能全面掌握相关的理论知识，采用的管理思想较为滞后，在应对市场环境的变动时，无法有效地紧跟市场变化规律，这将会导致农产品销售无法与生产主体形成匹配，很难满足市场的变化规律和全新要求。

2. 营销经验不足

首先，农产品生产和销售的参与主体以家庭为单位，规模较小，居住地分散。除此之外，因为农民大多数受教育程度不高，对产品营销并不掌握专业技能。在面对营销信息时，通过采用从众心理和主观判断性，这种情况的出现，难以保证信息具备有效性和真实性。

其次农产品在营销方面的创新，主要集中在利用网络平台，依托电子商务创新渠道。目前来看，网络营销有着市场面较大的情况，并且投入成本相对较小。所以难以发挥其明显效果，也未能在网络营销和实体营销方面，更好地利用创新方法解决营销技术、手段所带来的成本增加问题。

3. 销售策略缺少创新性

在很长一段时间内，国内针对农产品的销售方式并未进行大幅度调整，所以缺少创新性，这主要表现在如下层面。

一是国内农产品整体结构不合理，造成这一情况的原因是受到农户农产品种植习惯的影响，同时农户缺乏对市场要求的感应灵敏度，体现在低档次农产品生产占据了大部分，没有针对农产品进行深度加工处理或者生产高档次产品。现如今经济水平提升，人们消费升级，低档次产品逐渐落后于市场需求，导致产品附加值不高。另外，由于农产品生产过程缺乏监管，农药、添加剂的使用并未得到有效控制，这会给我国产品的绿色安全带来相应的威胁。农民在种植加工时，很少能够将科学的种植方法融入其中，最终导致农产品的科技含量、质量附加值方面存在明显的欠缺。除此之外，在产品包装和品牌意识上，整体水平不高，并没有关注到农产品的品牌建设，导致缺乏市场认可度。

二是在价格方面，缺乏产品细化措施。对于生产者而言，只要产品质量没有出现明显的差距，都会利用保守价格销售产品。不仅如此，由于农民没有渠道获取信息，不清楚宏观市场情况，从而导致判断不准确。

三是在分销过程中，主要是关注农产品的生产环节，不注重农产品在运输等过程中所存在的问题，这一情况会导致农产品营销出现消费者与生产者脱节的问题，消费者的想法和意见无法反馈到生产者那里，生产者并不清楚消费者的需求，无法做出针对性的调整。

四是在销售策略上，没有有效进行宣传工作。从目前的整体情况进行分析，农产品销售人员在销售完产品以后，未能对宣传和促销力度进行高度的重视。很多人员都是按照惯有的思路与方法进行宣传，或者只会寻找单一的销售渠道，或者等待其他人上门采购，这就会导致农产品的利润空间被不断地压缩。

4. 渠道模式单一化

从我国当前农产品在销售时所选择的渠道情况来看，出现了信息不对等、结构不对称等问题。这会给销售渠道的建设和发展生产产生非常关键的影响。在农产品销售环节中，企业具有更高的决定权，农户不管在销售过程中还是价格谈判过程中，自身地位相对处于弱势，不但如此，由于信息掌握存在差异，在大量市场需求信息之中，农户几乎无法全面了解市场供需信息，在农产品生产结束进入到市场时，发现市场并不缺这种产品，就会导致"谷贱伤农"情况。

(二) 农产品销售的创新方法

1. 把农产品销售提升至新的高度

第一，作为农产品销售的主体，应当基于时代变化，使用全新的管理思维，保障农产品的销售达到全新高度，重新对农产品的营销状况进行审视，在目前的时代环境中，农产品销售市场受到外界环境因素的影响，营销过程需要进行适当的调整，农产品销售主体的销售观念，会对销售效果产生直接影响，只有对农产品销售高度关注，把足量的资金和资源使用于创新活动之中，才能全面保障农产品销售更加高效，若只凭借传统模式是不能符合时代需求的。在创新活动中，应当主动借鉴国内外的成功经验，保证农产品的发展更加顺利。不仅如此，还应当将多元化与一体化战略加入其中。比如将公司和农民结合起来，采用全新的经营模式，扩大经营范围，也鼓励龙头企业带动农民共同发展。从农产品市场所提出的需求出发，将多元化战略加入其中，做好农产品加工工作，最终为农产品创造更多的价值。

第二，应当转变营销主体原有的理念，建立完善的供应链思维。不断加强各个主体之间的合作与交流频次，主动打造积极、主动的环境。随着市场经济发展速度加快，消费者和市场环境发生极大的变化。在营销主体当中，如果仍采用原有思维理念，难以将创新管理模式加入其中，那么就很难提高自身在市场中所具备的竞争力，也无法提高经济效益。在新时代背景下，我们应当从全新的视野出发，以相互配合为基础，优化农产品销售过程，让生产、流通、销售等环节综合起来，相互连接，这样才能制定更加完善有效的战略。

2.利用现代网络平台，保证市场营销顺利发展

随着计算机技术在我国的迅速发展，农产品市场销售方面也需要使用此类先进技术，为农产品销售带来更好的技术支持。例如：使用电子商务信息等先进平台，使得农产品得到销售与推广；在网络营销中，利用网络营销方式具备受众面广、方便快捷、成本低等多个优势；利用电子商务平台，提高企业对于市场的反馈速度。

"互联网+"的出现，使得农产品市场营销管理中呈现现代化和多元化的特点。利用网络不断扩大营销人群。不仅如此，网络也成为当前农产品销售最主要的推广渠道。为了保证网络营销和传统营销结合都能和谐发展，应当确定良好的发展方向。无论是网络营销还是传统营销，在开展初期都应做好定位工作，因为农产品有着较多的种类，比如生鲜类，这些产品在运输时有着极大的难度，也要求具备极高的运输能力。利用网络营销将多个因素加入其中，无论是采用哪一种营销模式，都应当确定好目标市场，调研消费者群体，细化消费者分类，让营销具有针对性。同时要延伸到生产、加工等环节，体现出消费者需求，实现精准化的农产品生产和营销。另外，还要打造全新的网络营销平台，应当重视实体工作重要性，使两者得到有效的配合，只有这样才能保证传统营销和网络营销更加和谐。

3.大力推广绿色营销模式，提高产品绿色属性

随着人们物质生活得到改善，消费者观念也发生极大的变化。很多人愿意花费更多的价钱去采购高品质农产品。基于绿色销售管理模式，最终目标便是让消费者的可选择性得到提升。在上述流程中，必须将绿色产品所拥有的认证体系作为核心，在绿色销售管理模式中，将环境保护特征融入其中，保障农产品销售主体拥有科学的、绿色的思想。在开展具体的营销工作时，既要考虑消费者需求，又要着眼宏观政策形势，合理优化营销。

一是建立完善的配套措施。为了使市场管理模式得到创新，应当改变当前产销缺乏连续性这一情况。农业管理部门需要发挥引领作用，建立起农

产品营销信息平台，在农产品生产者与消费者之间架起沟通的渠道。同时也让生产者对农产品市场行情进行深入的了解，并且对其变化能够一目了然。不仅如此，也需要建立完善的平台，提高资金投入的比例，最终才能形成更好的营销方式。

二是落实农民的现代化教育。近些年随着"新型职业农民"理念的提出，农业生产向职业化转型已经成为一大趋势。因此，就需要对农民做好现代化教育，使其具备现代化的生产、营销等方面的知识和技巧。在教育过程中，还可以与网络环境相结合，利用远程教育方式，保证教育资源得到合理分配，并且提高资源利用的综合效益。因为有着不同的教育主题，所以有着不同的教育内容和方法。通过教育，推动农民的职业素养得以发展提升，为其发家致富提供基础保障。目前来看，农村地区出现老龄化情况，很多年轻人愿意去到城市务工，由此改善自身的生活。所以，需要考虑目前农村人口的实际情况，针对性设计教育内容，不能一概而论。随着经济不断发展，应当对于农产品相关的知识进行传播，对于教学方法与内容做好创新。只有这样才能提高教育效果，为保证市场营销更好发展提供力量。

4. 利用农超对接模式，确保农产品销售流通更加顺利

农超对接，作为一种集销售与生产合二为一的模式，是从国外发达国家所借鉴而来的。目前来看，国外所采用的农超对接模式效果良好，各国有着不同的采购方式。方式上的差异，所取得的效果也不一样，适合的情况也不相同，这需要结合本地实际来综合考量。农产品在我国超市销售中所占比例较低。所以在发展农产品与超市对接时，可以学习日本的先进经验。如日本的农产品协会等。在上述系统中，主动去了解销售方、消费者以及农户的各项要求，同时构建联系通道。最大限度减少农产品流通的次数，保证销售过程更加通畅。不仅如此，还需要创新农产品市场营销的基本理念，不能局限于传统，要结合营销发展，引入新的理念和思想。针对不同的农产品市场，将选择利用更加灵活的方式。

综上所述，农产品市场营销和谐发展与创新管理模式，对于提高产品流通效率、提升营销效果有着极其重要的意义。从消费者视角进行分析，创新管理模式，可以令农产品的发展模式更为多元化，构建口碑好的农产品品牌，从企业视角进行分析，对于管理模式进行创新，充分地利用当前的信息

技术，让营销市场得到良好发展。创新管理模式能够促进农产品流通方式的优化，助推农业产业的发展。

二、农产品市场风险的管理探究

在农产品市场上，由于相互竞争，农产品的供求关系不可能始终处于一种平衡状态，农产品的价格就会发生波动，这就是农产品市场风险。在市场经济体系下，农产品经营的最大风险就是农产品市场风险了。因此，要加强对我国农产品市场风险的管理，促进社会的和谐发展。

农产品市场风险主要受农产品价格决定，农产品价格波动，导致农产品出现市场风险。除了农产品的供求关系会引起农产品价格的波动外，还有很多其他因素也会造成农产品价格发生变化，从而引起农产品市场风险。

第一，农业弱质性的产业特征必然会引起农产品市场风险。无论是传统农业，还是现代农业，都表现出对自然的高度依赖性，而且农业很容易受自然风险和市场风险的双重影响，加之基础薄弱，这些都决定了农业具有天生的弱质性。农业弱质性一方面体现在其近乎完全竞争型的市场结构特征。大宗农产品差异性较小，进入壁垒很低；生产者众多且比较分散，为此供给弹性较大，而其作为一种生活必需品，需求弹性却较小。供给弹性大，需求弹性小的市场特点，使得在买方市场条件下很容易形成过度竞争的不利局面。

第二，蛛网效应明显，影响农民对农产品市场供求关系的判断。作为一种经济体制，市场经济并不是十全十美的，其调节经济的自发性和滞后性就是它的内在缺陷。也就是说，上期的价格会对本期的农产品生产造成影响，同样，本期的价格也会对下期的农产品生产带来影响。这样相互循环影响，农产品的生产很难处于一种供求平衡状态，价格总是处在"上升"和"下降"的来回变换中。如果把各个时期的价格与产量波动画出一个图，这个图就类似于一张蜘蛛网，这就是经济学"蛛网理论"，也被称为"蛛网效应"。与国外发达国家相比，蛛网效应在我国农产品市场中是非常明显的。其主要原因是我国农产品市场信息不对称，缺乏有效信息，农民整体素质偏低，对市场的判断力较弱。目前，我国虽有一万多个农业信息网站，但这些网站大多数信息雷同，准确性较低，尤其是缺少具有预测性、指导性的农业信息。

第三，小规模的农业生产，让农民失去了对农产品的定价权。长期以来，我国的农业生产一直都是"一家一户"的小规模生产状态。改革开放后，我国开始实施家庭联产承包责任制，这充分激发了农民生产的积极性。但由于种种原因，如土地流转机制的不完善等，"家庭式"的小规模农业生产未得到明显改观，我国农产品市场仍处于一种"小生产，大市场"的状态。这主要体现在两方面。一方面在农产品市场上，农产品的价格掌握在少数的农产品经销者手中，广大农民只能被动地接受。另一方面小规模的农业生产方式，决定了我国农民对农产品市场价格产生不了重要影响，反而只能成为农产品市场风险的主要承担者。

总之，农产品市场风险是由农产品价格变动引起的，而农产品价格波动主要是由农产品供求关系发生变化导致的。因此，要加强对我国农产品市场风险的管理，首先就应该加强对农产品供求关系的管理。要想使农产品市场风险的损失下降，就应该采取切实有效的措施，使农产品的供求维持在一种平衡的状态，从而使农产品的价格不易发生太大的波动。

第三节　农产品物流管理与优化策略

一、电子商务环境下农产品物流管理优化

电子商务在大数据迅速发展的时代背景下得到蓬勃发展，对我国经济起到了巨大的推动作用。农产品物流借助电子商务发展的"东风"不断突破生产规模，拓宽上升空间。构建信息化和科学化的物流系统有利于促进农产品物流取得更好的成绩并且满足市场多元化的需求。

（一）电子商务环境下农产品物流发展的价值

第一，电子商务驱动农产品物流市场的快速发展。电子商务在大数据的加持下带动各行各业快速发展，特别是农产品物流与电商的结合是新时期农产品物流市场发展趋势之一。电子商务能够促使农产品物流从传统发展到智能化、信息化的跨越；电子商务参与农产品物流的生产、销售、配送以及信息收集处理分析，不但能够为农产品企业降低风险，而且能优化资源配

置，带来较大的经济效益。电子商务一体化收集信息，分析客户群体，对现有销售策略进行销售，激发了农产品企业动力，指明了发展方向。

第二，电子商务优化农产品市场资源配置。传统的农产品物流管理过程缺乏信息化、智能化，导致农产品物流在供应链管理、流通配送、零售商、消费者服务等层面的信息获取不畅，缺乏有效信息的提取分析，把控市场需求和行业发展趋势较弱，造成资源闲置和浪费，延长了物流时间，增加了农产品企业物流的成本。电子商务的发展推动了农产品从幕后走向前台，产地直播销售模式促进了农产品物流销售，加快了农产品物流迅猛发展。

第三，电子商务优化农产品物流体系构建。电子商务通过数据的分析、生产、采购、推广、流通、配送各个环节，逐步完善和弥补传统物流行业出现的不足。信息系统的共享共建，透明的市场供需情况，畅通的信息交易能够让农产品物流企业在管理和运营中变得更加简便高效。

（二）电子商务环境下农产品物流管理的优化策略

1. 创新农产品物流发展模式

电子商务加强农产品物流管理过程中的规范性流程。特别是抖音、快手、淘宝商家等电子商务平台的广泛运用，使二者有效结合，充分考虑电子商务与农产品物流管理发展过程的融合发展。通过建立完善的农产品物流网络体系、共享的农产品物流信息平台、规范的运输存储农产品物资工作要求，进一步保障产品服务和生产流通配送的衔接性，在电子商务环境下创新农产品物流新模式，降低企业管理成本，激发市场活力，保持资源合理配置。

2. 强化农村物流基础设施建设

要想让农产品企业进一步融入市场的发展，需要完善相应的基础设施建设，电子商务技术的蓬勃发展推动农产品物流行业的改革和转变。政府要加大对农产品物流行业资金、技术、场地的投入和扶持，加强硬件层面的建设，特别是我国农村落后地区要完善铁路、公路、乡村道路的交通设施建设，清除农村地区影响农产品物流发展的不利因素，保证农产品物流能够及时生产、推广、销售、配送，带动地区经济发展，保证人民生活质量的提高。

3. 科学高效布局农产品物流站点

农产品物流受电子商务配送过程中的主客观因素影响，诸如季节、区域、厂址等，为了提高运输配送效率，需要科学布局农产品物流节点。一方面考虑区域实际情况，提高农产品物流选址的科学性和精准性，结合农产品企业生产、运输、商业、通信情况确定节点数量和规模；另一方面搭建信息共享配送平台，建好硬件设施，了解市场变化，优化服务策略，降低运营成本。

4. 培育高端电子商务管理人才

在网络信息高速发展的新时代，只有在电子商务背景下拥有高端物流管理复合型人才，才能进一步推动农产品物流行业的整体水平提高。农产品物流企业要与高校、物流行业协会、关联企业加强深度合作，贴合市场需求和行业发展，培育具有综合素质和管理能力共有的高端物流管理专业人才。在培训过程中，既要加强物流专业技术的灌输和传播，又要注重管理一线的实践考核锻炼，通过传帮带有效形成物流管理专业人才库，进而通过人才推动农产品物流行业的健康发展。新时期，在农产品物流企业运用电子商务起步发展具有诸多优势。有效把控农产品市场需求，对降低管理成本节省物流时间层面具有很强的应用价值。正是因为农产品物流在电子商务的实际推广和运用，才会为我国农产品物流的永续健康发展奠定坚实基础。

二、农产品绿色物流管理

随着中国社会经济的发展及物质生活水平的提升，人们更加注重饮食健康，无公害绿色食品需求增加。中国作为农业大国，食品安全问题也更加严峻，其中绿色物流逐渐成为社会关注的重点。随着人们生活水平的不断提升，对绿色蔬菜的需求量也越来越大，在农产品流通过程中也出现了一些问题，例如环境污染、能源耗损大、资源严重浪费等。因此，有必要开展农产品绿色物流建设，结合国外经验及我国实际国情全面发展农产品绿色物流。

绿色物流通过充分利用物流资源，采用先进的物流技术，合理规划和实施运输、储存、装卸、搬运、包装、流通加工、配送、信息处理等物流活动，降低物流对环境影响的过程。

(一) 绿色物流的优势及劣势

1. 绿色物流的优势

现阶段农产品物流企业一般都以中小型企业为主，业务主要集中在低温保鲜仓储、冷链运输、城市配送等服务。企业的物流运作更加具有优势，并且通过集中发展优势，能够快速做出品牌，更好地满足当前社会的物流需求。

2. 绿色物流的劣势

第一，缺乏管理体系。由于中国绿色物流技术起步较晚，尚未建立完善的绿色物流管理体系，并且政府及农户对绿色物流技术的重视程度依旧不够，这就导致农产品绿色物流技术缺乏相关的发展体制，农产品绿色物流技术发展不完善。

第二，技术工艺落后。农产品容易腐烂、变质，在开展绿色物流运输的过程中，需要通过专门的设备设施进行运输。目前，中国大多数农产品通过常温物流进行运输，缺乏冷冻冷藏技术与设备，导致农产品在物流运输过程中出现耗损。

第三，企业融资困难。在发展绿色物流的过程中，企业需要进行绿色物流信息化建设，因此需要大量的资金投入。现阶段，中国农产品物流多数都是中小型企业，规模较小，物流设备陈旧，物流技术落后，企业资产匮乏，没有良好的信用贷款。在抵押贷款时，企业能提供的抵押物较少，在贷款时会受到一定的限制，使企业在融资方面出现困难，限制了企业的全面发展，导致企业难以提升绿色物流技术水平。

第四，发展意识薄弱。农产品物流企业一般都是将企业利润作为整体的发展目标。在建设绿色物流时，短时间内肯定会提升企业的运营成本，导致企业发展处于不利地位。此外，如果没有资金及技术的支持，就会导致企业在初期难以得到有效的回报，使得企业没有动力发展绿色物流。

第五，物流技术水平较低。中国农产品绿色物流管理技术起步较晚，相较于其他发达国家，还存在技术不足的现象，例如农业物流基础设备、绿色包装、绿色仓储等技术都相对落后。

(二) 农产品绿色物流发展的对策与建议

1. 树立绿色物流理念

为了全面发展绿色物流，相关政府部门需要做好对绿色物流的宣传，并建立完善的法律法规及行业标准，鼓励物流企业将绿色物流全面运用在农产品运输过程中。相关企业还需不断增强农产品绿色物流意识，在运输、包装、仓储、加工等方面都应该实现绿色化运输。农产品生产者也需树立绿色物流意识，消费者需增强环保意识，减少对生态环境的污染。

2. 完善保障体系

相关部门需要制定完善的保障体系以此来全面发展农产品绿色物流，为了全面推动农产品物流的快速发展，政府必须制定严格的法律法规，监督农产品质量。此外，政府还需加大相关基础设施，从而降低农产品在物流过程中的损耗。

3. 建立绿色物流平台

随着信息技术的全面发展，相关部门需根据社会需求建立农产品绿色物流平台，从而为消费者提供更加便利的物流服务。同时，还可以建立语音查询系统，以电话或短信的形式为农户提供气象灾害、物流市场、病虫害防治等信息，有利于农户采取相关解决措施，并且还需利用电视、广播、报纸等为农户宣传绿色物流技术的优势。相关政府部门还需建立完善的电子信息库，通过绿色生产技术、绿色运输、绿色包装技术等，提升中国农产品绿色物流水平。

综上所述，随着中国社会经济的快速发展，人们物质生活水平全面提升，因此，相关技术人员需借鉴发达国家的绿色物流经验，从而为绿色物流提供有力的技术支持。不仅如此，还需顺应时代的发展，将科学信息技术运用到绿色物流中，提升农产品运输质量及水平。

第四节　农业生产要素组合及其管理

一、农业自然资源的开发利用管理

"农业自然资源是人类赖以生存和发展的物质基础，是一个国家经济发展和人民生活水平提高的重要条件，是社会财富的重要源泉，对国家的兴衰至关重要。"农业自然资源是指存在于自然界之中，在一定的生产力水平和经济条件下，能够被人类利用于农业生产的各种物质、能量和环境条件的总称。

农业自然资源的开发利用管理，就是要采用经济、法律、行政及技术手段，对人们开发利用农业自然资源的行为进行指导、调整、控制与监督。

(一) 农业自然资源开发利用管理的目标

1. 总体目标

农业自然资源的开发利用管理，总体目标是保障国家的持续发展，这一总体目标也规定了农业自然资源开发利用管理的近期目标和长远目标。近期目标是通过合理开发和有效利用各种农业自然资源，满足我国当前的经济和社会发展对农产品的物质需求；长远目标则是在开发和利用农业自然资源的同时，保护农业自然资源生态系统，或者在一定程度上改善这一系统，以保证对农业自然资源的持续利用。

2. 环境目标

自然资源的开发利用是影响环境质量的根本原因，而农业自然资源所包括的土地、气候、水和生物资源是人类赖以生存的自然资源的基本组成要素，因此，需要加强对农业自然资源开发利用的管理，如控制土地资源开发所造成的土地污染、水资源开发中的水环境控制等，就是农业自然资源开发利用管理的环境目标。

3. 防灾、减灾目标

灾害是指对农业生产活动造成严重损失的水灾、旱灾、雪灾等自然灾害。在农业自然资源开发利用过程中，通过加强对自然灾害的预测、监测和防治等方面的管理，可以使自然灾害造成的损失减少到最低限度，对于人类开发利用农业自然资源所可能诱发的灾害，应当在农业自然资源开发利用的项目评价中予以明确，并提出有效的防治措施。

4.组织目标

国家对农业自然资源开发利用的管理是通过各层次的资源管理行政组织实现的，国家级农业资源管理机构的自身建设和对下级管理机构的有效管理，是实现农业自然资源开发利用管理目标的组织保证。同时，保证资源管理职能有效实施的资源管理执法组织的建设和健全，也是农业自然资源管理组织目标的重要内容。另外，农业自然资源开发利用管理的组织目标还包括各类农业自然资源管理机构之间的有效协调。

(二) 农业自然资源开发利用管理的措施

第一，建立合理高效的农业生态系统结构。农业生态系统结构的合理与否直接影响着农业自然资源的利用效率，土地资源、气候资源、水资源以及生物资源能否得到合理的开发利用与农业生态系统结构密切相关。因此，加强农业自然资源开发利用管理的首要任务，是建立起有利于农业自然资源合理配置与高效利用，有利于促进农、林、牧、渔良性循环与协调发展，有利于改善农业生态平衡，有利于提高农业经济效益、社会效益和生态效益的农业生态系统结构。

第二，优化农业自然资源的开发利用方式。为加强农业自然资源的保护，促进其合理开发利用，我国制定了一系列的法律法规，对加强农业自然资源的保护和开发利用管理发挥了积极作用。但是，由于我国长期奉行数量扩张型工业化战略和按行政方式无偿或低价配置农业自然资源的经济体制，导致我国农业自然资源供给短缺和过度消耗并存的局面十分严峻。因此，优化农业自然资源的开发利用方式，推行循环利用农业自然资源的技术路线和集约型发展方式，改变目前粗放型的农业自然资源开发利用方式，是加强农业自然资源管理、提高资源利用效率的根本途径。具体而言，就是要把节地、节水、节能列为重大国策，制定有利于节约资源的产业政策，刺激经济由资源密集型结构向知识密集型结构转变，逐渐消除变相鼓励资源消耗的经济政策，把资源利用效率作为制订计划、投资决策的重要准则和指标，对关系国计民生的农业自然资源建立特殊的保护制度等。

第三，建立完善农业自然资源的产权制度，培育农业自然资源市场体系。农业自然资源是重要的生产要素，树立农业自然资源的资产观念，建立和完善资产管理制度，强化和明确农业自然资源所有权，实现农业自然资源的有偿占有和使用，是改善农业自然资源开发利用和实现可持续发展的保证。在建立和完善农业自然资源产权制度的过程中，要逐步调整行政性农业自然资源配置体系，理顺农业自然资源及其产品价格，培育市场体系，消除农业自然资源开发利用过度的经济根源，有效抑制乃至消除滥用和浪费资源的不良现象。

第四，建立农业自然资源核算制度，制订农业自然资源开发利用规划。农业自然资源核算是指对农业自然资源的存量、流量以及农业自然资源的财富价值进行科学的计量，将其纳入国民经济核算体系，以正确地计量国民总财富、经济总产值及其增长情况，以及农业自然资源的消长对经济发展的影响。通过对农业自然资源进行核算，并根据全国农业自然资源的总量及其在时间和空间上的分布，以及各地区的科学技术水平、资源利用的能力和效率，制订合理有效的农业自然资源开发利用规划，实现各地区资源禀赋和开发利用的优势互补、协同发展，获得全局的最大效益。

第五，发展农业自然资源产业，补偿农业自然资源消耗。我国在农业自然资源开发利用方面普遍存在积累投入过低，补偿不足的问题，导致农业自然资源增殖缓慢，供给不足。为了增加农业自然资源的供给，必须发展从事农业自然资源再生产的行业，逐步建立正常的农业自然资源生产增殖和更新积累的经济补偿机制，并把农业自然资源再生产纳入国民经济发展规划。

二、农业劳动力资源开发与利用管理

农业劳动力资源是农业生产的主体，研究农业劳动力资源管理，要从其概念和特点出发，探索进行有效管理和合理利用的途径。农业劳动力资源是指能够直接或间接参加和从事农业生产劳动的劳动力数量和质量的总和。

(一) 农业劳动力资源的开发

农业劳动力资源开发指的是为充分、合理、科学地发挥农业劳动力资源对农业和农村经济发展的积极作用，对农业劳动力资源进行的数量控制、素质提高、资源配置等一系列活动相结合的有机整体。农业劳动力资源的开发包括数量开发和质量开发两个层次的含义。

农业劳动力资源的数量开发，是指用于农业劳动力资源控制而展开的各项经济活动及由此产生的耗费。不同类型的国家或地区的农业劳动力资源数量控制的目标也各不相同，既有为增加农业劳动力资源数量进行努力而付出费用的，也包括为减少农业劳动力资源数量而做出各种努力的。

农业劳动力资源的质量开发，一般是指为了提高农业劳动力资源的质量和利用效率而付出的费用，包括用于农业劳动力资源的教育、培训、医疗保健和就业等方面的费用。目前，我国的农业劳动力资源开发主要是指对农业劳动力资源的质量开发，尤其是对农业劳动力在智力和技能方面的开发。

1. 农业劳动力资源开发的意义

随着农业现代化的发展，农业生产对科学技术人才和科学管理人才的需求越来越大，因而开发农业劳动力资源质量，提高农业劳动者的素质显得越来越重要，其重要意义主要体现在以下方面。

（1）农业现代化要求农业劳动力有较高的素质。在国外一些实现了农业现代化的国家中，农业有机构成与工业有机构成之间的差距在逐步缩小，甚至出现了农业有机构成高于工业有机构成的情况，因而对农业劳动力资源数量的要求越来越少，对农业劳动力资源质量的要求却越来越高。这就要求提高农业劳动者的科学文化水平和专业技能，以便在农业生产中掌握新设备和新农艺。

（2）科技投入在农业生产中的重要性日益提高，对农业劳动力素质提出更高的要求。农产品增产到一定程度后，再要提高产量，提高投入产出的经济效益，就不能只靠原有技术，而是要靠采用新的科技手段。因此，要繁育农业新品种，改革耕作及饲养方法，提高控制生物与外界环境的能力，就必须对农业劳动力资源进行开发，以利于将现有农业生产力各个要素进行合理组合，选择最佳方案。

（3）农业生产模式的变革要求农业劳动力掌握更多的知识和技能。农业生产正在由自然经济向商品经济转变，并逐步走向专业化、社会化的过程中，需要掌握市场信息，加强农产品生产、交换和消费各个环节的相互配合，没有科学文化、缺乏经营能力是做不到的，这客观上要求对农业劳动者进行教育培训，提高他们的科学文化水平和经营管理能力。

（4）开发农业劳动力资源是拉动内需，促进国民经济进一步发展和农业可持续发展的需要。随着对农业劳动力资源开发步伐的加快，农民对教育的需求将会不断增加。为此，必须采取积极措施，发展面向农业劳动力资源开发的教育产业，增加农村人口接受各类教育和培训的机会，为农村经济的进一步发展培养出更多合格的有用人才。同时，大力开发农业劳动力资源，增加农业人力资本的积累，可以使教育成为农村新的消费热点，拉动内需，促进国民经济的发展。

2. 农业劳动力资源开发的对策

（1）着眼三农问题的解决，加强对农业劳动力资源开发的组织领导与管理协调。随着农村工业化、城镇化进程的加快，我国的农民正在发生着职业分化，有着更多的发展要求和发展空间。除一部分农民继续留在农村务农之外，大部分农民正由农业向城镇非农产业流动，由传统农民向现代产业工人转化。但由于转移的大多数农民不具备非农就业所必需的知识、技能和素质，客观上要求加大对农村人力资源的开发力度，以此提高农民的科技文化素质。为此，必须做好组织领导和管理协调方面的工作，建议成立由中央有关部门牵头的专门领导小组，作为农民教育培训的领导、协调机构；增加农村职业教育和成人教育的经费投入，把农村职业教育和农民培训工作列入地方政府的任期目标和考核内容；继续坚持农村三教统筹和农科教结合，并进一步探索在新形势下的实现方式。

（2）加快体制创新，积极构建政府主导，面向市场，多元投资的农民教育培训体系。农民教育培训作为一项面广量大的系统工程，理应得到各级政府、各相关部门乃至全社会的共同关注和积极支持。政府部门作为教育的实施主体，应当从促进教育公平，关心弱势群体，构建和谐社会的战略高度出发，充分认识加强农民教育培训的重要性。在解决农民教育培训资金经费的问题上，各级政府应处于主导地位，同时也必须广开渠道，实行投资主体的多元化。

第一，中央和地方财政要加大对农业劳动力资源开发的投入，提高教育经费的财政投入占 GDP 的比重，同时在教育经费的使用过程中，向农民教育培训投入适当倾斜。

第二，国内、国外并重，吸引各方投入。国内要鼓励城市支持农村，东部支援西部，鼓励企业、投资者到农村和西部地区进行教育投资。国外则要通过优惠政策，吸引国外政府、国际组织、企业家、华人华侨到我国农村开发劳动力资源，同时积极争取无偿援助、捐赠、低息贷款等，通过吸引多元投资方式推动我国农业劳动力资源开发水平的全面提升。

第三，加快体制创新，完善培训体系，尽快建立与现代农业和农村经济发展相适应，以农民科技教育培训中心为骨干，以中高等农业院校、科研院所和技术推广机构为依托，以企业和民间科技服务组织为补充，以乡镇培训基地为基础的功能强大、手段先进、运转灵活的开放型、协同型的农民教育培训体系，按照新农村建设的要求，卓有成效地开展对农民的教育培训。

（3）在普及义务教育的基础上大力发展农村职业教育，重视技能型、应用型人才的培养。农业劳动力资源开发的首要任务是在农村普及九年制义务教育，消灭农村青壮年文盲。农村要把普及九年制义务教育作为当前劳动力资源开发的基础工程，力争在最短的时间内完成任务。在此基础上大力发展农村职业教育，加速培养留得住、用得上的技能型、应用型人才，这是符合我国农村实际的明智之举，也是在目前教育经费不足的情况下低成本、高效率开发农业劳动力资源，解决农村人才瓶颈的有效措施。

第一，立足农村经济社会发展、农民脱贫致富的实际需要，有针对性地进行农业劳动力资源的开发，合理引导农村初中毕业生到农业职业学校学习，并通过实施助学贷款、创业扶持计划，对报考农业职业学校的农村青年或毕业后愿意扎根农村创业发展的毕业生，给予适当的资金支持和相应的政策优待，以鼓励引导农村初中毕业生选择职业教育。

第二，农村职业教育的专业设置、课程体系、教学模式要有针对性，立足学生生存本领、职业技能和致富能力的培养，通过与企业积极建立联系，了解用人单位的需求，按照就业岗位所需要的人才规格和能力素质进行订单培养，防止教育资源的浪费。

（4）规范劳动就业准入制度，建立并完善促进教育需求的动力机制，督促农民主动参与培训。为了提高农民的就业竞争能力，实现农业剩余劳动力的高质量转移，必须推行规范的劳动就业准入制度。

第一，严格职业准入。要在确定的职业准入范围内，积极推行职业准入制度，逐步做到凡已公布实行职业准入的行业，农村青壮年劳动力如果没有接受职业教育或培训，没有取得相应的毕业证或职业资格证，就不能参加就业。

第二，严格年龄准入。我国目前每年新增大量农业剩余劳动力，其中大多数是没有升入高中的初中毕业生，这些初中毕业生没有经过基本的职业培训就直接进入劳动力市场，给本已过剩的劳动力市场造成更大压力和混乱，也造成人力资源的巨大浪费。对此，各级劳动部门、用人单位必须对未成年的农村初中毕业生实行就业年龄限制，通过规范劳动准入制度，督促年轻农民主动参与职业教育和技能培训。

(二) 农业劳动力资源的利用管理

为了充分合理地利用农业劳动力资源，需要积极促进农民的充分就业，提高农业劳动力的使用效率和经济效益，主要是提高农业劳动力资源的利用率和农业劳动生产率两个指标。

1.经营农业集约化，提高劳动力资源利用率

我国的农业劳动力资源十分充裕，而农业自然资源尤其是土地资源相对稀缺，同时对农业的资金投入不足，导致农业劳动力资源大量闲置，农业劳动力资源的利用率较低。从当前我国农业生产的情况来看，要提高我国农业劳动力利用率，主要应该依靠农业的集约化经营，增加农业生产对农业劳动力的吸纳能力。具体途径如下。

第一，增加对农业的资金和其他要素的投入，加强农业基础设施建设，为农业生产创造更好的物质条件。同时改变原有单纯依靠增加要素投入量的粗放型农业生产经营模式，促进农业劳动力资源和农业生产资料的更好结合，通过实现农业生产的集约化经营来增加农业生产的用工量，使农业劳动力资源得到充分利用。

第二，发挥资源优势，依靠农业科技，加快发展农业产业化经营，增加农业生产的经营项目，拉长农业生产的产业链条，吸纳农业劳动力就业。尤其是要发展劳动密集型农产品的生产，创造更多的农业就业岗位，使农业劳动者有更多的就业选择空间，增加对农业劳动力的使用。

第三，合理安排农业劳动力的使用，组织好农业劳动协作与分工，尽

量做到农业劳动力资源与各类需求量的大体平衡。根据各项农业生产劳动任务的要求，考虑农业劳动者的性别、年龄、体力、技术等情况，合理使用农业劳动力资源，做到各尽所能，人尽其才，充分发挥劳动者特长，提高劳动效率。另外，要尊重农业劳动者的主人翁地位，充分发挥他们在农业生产中的主动性、积极性和创造性。

第四，对农业剩余劳动力进行有效转移，合理组织劳务输出。一方面，发展农村非农产业，实现农业剩余劳动力的就地转移，同时把农业剩余劳动力转移与城镇化发展结合起来，积极推动农业剩余劳动力向城市转移；另一方面，积极推动农业剩余劳动力的对外输出，利用国际市场合理消化国内农业剩余劳动力，这也是我国解决农业劳动力供求矛盾，提高农业劳动力资源利用率的一个重要途径。

2. 促进农业现代化，提高农业劳动生产率

充分合理地利用农业劳动力资源，还要提高对农业劳动力的使用效率，增加农业生产中劳动力资源投入的产出，即提高农业劳动生产率。影响农业劳动生产率的因素主要包括生产技术因素，即农业现代化水平，以及自然因素和社会因素。这些影响因素决定了提高农业劳动生产率的途径，主要途径如下。

第一，充分合理地利用自然条件。所谓自然条件，是指地质状况、资源分布、气候条件、土壤条件等影响农业拉动生产率的重要因素。自然条件对农业生产有至关重要的影响，由于自然条件不同，适宜发展的农业生产项目也不同。以种植业为例，同一农作物在不同的自然条件下，投入等量的劳动会有不同的产出和不同的劳动生产率。因此，因地制宜地配置农业生产要素，利用自然条件，发挥区域优势，投入同样的农业劳动力就可以获得更多的农产品，提高农业劳动的自然生产率，实现对农业劳动力资源的优化利用。

第二，提高农业劳动者的科技文化水平和技术熟练程度。劳动者的平均技术熟练程度是劳动生产率诸多因素中的首要因素，在农业生产中也同样如此。由于农业生产中的生产力提高和科技进步是以新的劳动工具、新的劳动对象、新的能源和新的生产技术方法等形式进入农业物质生产领域的，因而要求农业劳动者具备较高的科技文化水平、丰富的生产经验和先进的农

业劳动技能。另外，农业劳动者技术熟练程度越高，农业劳动生产率也就越高。为了提高农业劳动者的科技文化水平和技术熟练程度，必须大力发展对农业和农村的文化教育事业、科学研究事业以及推广工作。

第三，提高农业经济管理水平，合理组织农业生产劳动。按照自然规律和经济规律的要求，加强农业经济管理，提高农业经济管理水平，使农业生产中的各种自然资源、生产工具和农业劳动力资源在现有条件下得到最有效的组合和最节约的使用，从而达到增加农产品产量、节约农业活劳动和物化劳动的目的，这对于提高农业劳动生产率、合理有效利用农业劳动力资源具有重要作用。

第四，改善农业生产条件，提高农业劳动者的物质技术装备水平。农业劳动者的物质技术装备水平是衡量一个国家农业生产力发展水平的重要标志，也是提高农业劳动生产率最重要的物质条件。农业劳动者的技术装备水平越高，农业劳动的生产效能也就越高，而要提高农业劳动者的技术装备水平，就要发展农业科技。只有农业科学技术不断发展，才能不断革新农业生产工具，不断扩大农业劳动对象的范围和数量，从而有效提高农业劳动生产率。

第五，正确贯彻农业生产中的物质利益原则。在一定的物质技术条件下，农业劳动者的生产积极性和能动性是关系农业劳动生产率的决定性因素。在我国目前的社会主义市场经济条件下，人们劳动和争取的一切都与他们自身的物质利益直接相关，因此必须用物质利益来提高农业劳动者的积极性、主动性和责任心，这样才能更好地组织农业生产劳动，提高农业劳动生产率。此外，建立健全完善的农业经济社会化服务体系，解决好农业生产过程中的系列化服务等，对提高农业劳动生产率也具有重要作用。

三、农业资金与投资管理

农业资金有广义和狭义两个层面的含义。广义的农业资金是指国家、个人或社会其他部门投入农业领域的各种货币资金、实物资本和无形资产，以及在农业生产经营过程中形成的各种流动资产、固定资产和其他资产的总和。广义的农业资金实际上就是用于农业生产经营的各种财物和资源的总和，并且总是以一定的货币、财产或其他权利的形式存在。狭义的农业资金是指农业再生产过程中，生产、流通、分配及社会消费等环节中财产物资的货币形态，即社会各投资主体投入农业的各种货币资金。广义的农业资金实际上涉及农业生产管理的全过程，而目前制约农业发展最关键的资金问题是狭义农业资金的投入问题。本书所讨论的农业资金指的是狭义的农业资金概念。

在农业生产经营活动中，农业资金具有保证农业再生产顺利进行，保证农业生产成本垫支，参与农业价值创造等多种职能。因此，农业资金是进行农业生产的重要条件。

(一) 农业投资的资金管理

农业投资过程中，农业资金投放于不同的农业生产环节，进入农业生产的方式不同，其运行和转移的方式也各不相同，要发挥其功能效用，就需要加强对农业资金使用和周转的管理。

1. 农业流动资金的管理

(1) 流动资金的组成

流动资金是指垫支在生产过程和流通过程中使用的周转金，它不断地从一种形态转化为另一种形态，其价值一次性转移到产品成本中去。农业流动资金是在农业生产过程中的周转金，它一般由以下部分组成。

第一，储备资金，是指各种农业生产中所需的储备物资所占用的资金，包括种子、饲料、农药、化肥、燃料及修理所用材料等。

第二，生产资金，是指在农业生产过程中占用的资金，如各种产品、半成品等所占用的资金。

第三，成品资金，是指可以对外出售的各种农业产成品所占用的资金。

第四，货币资金，是指农业生产经营主体的银行存款、库存现金及其他货币资金。

第五，结算资金，是指农业生产经营主体在供应、销售和内部结算过程中发生的各种应收、预付款项等。

(2) 提高农业流动资金利用效率的途径

第一，加强农业生产中物资供应储备环节的管理，主要是加强生产资料采购的计划性，防止盲目采购，同时制定合理的物资储备定额，及时处理积压物资，将储备物资的流动资金占用量控制在最低限度。

第二，加强农业生产环节的流动资金管理，主要是确定合理的农业生产结构，改进农业生产组织方式，努力降低农业生产的成本，增加收益。同时尽可能地缩短农业生产周期，因地制宜地把不同生产周期的农业生产项目结合起来，开展农业多种经营，以便均衡地使用农业生产资金。

第三，加强农产品流通环节及其他环节的管理，主要是及时组织农产品销售，抓紧结算资金的回收。同时要加强农业贷款安排的计划性，合理确定信贷资金的规模和期限结构，减少成品资金和结算资金的占用量。

2.农业固定资金的管理

农业固定资金是指投放于农业生产资料方面的资金，主要是农业生产经营活动所需的建筑物、机械设备、运输工具、产畜、役畜、多年生果树、林木等实物形态的固定资产所占用的资金。农业固定资金的特点是由农业固定资产的特点所决定的，农业固定资产可以多次参加农业生产经营过程而不改变其形态，其价值随着在使用过程中的磨损逐步转移到农产品成本中去，并通过折旧的方式从农产品的销售收入中得到补偿。所以，农业固定资金的周转速度较慢，需要经历固定资产整个使用时期才能周转一次。

提高农业固定资金使用效率的途径如下。

第一，合理购置农业固定资产。在农业资金投入有限的情况下，尽量选用通用的农业固定资产，以减少对农业固定资金的占用量。

第二，科学计提农业固定资产折旧。一方面要选择恰当的折旧方式，使该收回的农业固定资金早日收回；另一方面，确定好计提折旧的农业固定资产的范围，该计提折旧的都要计提折旧，不该计提折旧的农业固定资产不再计提折旧。

第三，加强农业固定资产管理。定期进行清查盘点，及时处理不需用的农业固定资产，使未使用的农业固定资产及早投入使用，使不需用的农业固定资产及时得到处理。同时建立和健全农业固定资产的保管、维修、使用和改造制度，使各种农业固定资产经常处于技术完好状态，延长使用寿命，提高农业固定资产的生产能力和使用效率。

(二) 农业投资的效率提升

加强对农业资金的管理，其中最重要的环节是要提高农业投资的效率，要以加快农业生产发展为目标，从体制、市场、民生、文化、管理等多个方面入手，促进农业投资增效，使各类农业投资用到实处，发挥最大作用。当前，要提高我国农业投资的效率，应该做好以下方面工作。

1. 提升各级政府对农业投资的投资效率

第一，加强各级政府对农业投资的导向性作用和示范性作用，通过更有效的农业补贴，吸引更多的投资进入农业生产领域，增加农业资本投入。

第二，加快建立符合我国国情的政府投资监督体系，提高政府资金的运行效率，简化政府投资的多头管理体制，尤其是防止对农业资金的占用。

第三，加强政府对农业投资项目的科学论证，把长期利益和短期利益结合起来，建立合理的投资决策机制和评估机制。

第四，加快建立健全专门针对财政农业投资的法律法规，以利于财政农业投资的依法实施和组织，以及农业财政投资的监督保障职能的发挥。

2. 提升农村集体经济组织的农业投资效率

农村集体经济组织对农业的投资，应该集中在为当地农业发展提供基础设施和生产服务，以及提供农业公共品等方面。同时，进一步厘清农村集体经济的产权问题，明确农村集体经济组织在农业投资中的边界，发挥好农村集体经济组织投资对政府农业投资和农户投资的补充作用。

3. 提高企业的农业投资效率

一方面，充分利用各种优惠措施和政策，引导和鼓励内外资企业加大对农业投资，加快农业先进技术成果通过企业向农业生产转化，从而提升农产品的科技含量和竞争力，增加农产品生产和销售的利润空间；另一方面，进一步完善农产品市场，为农产品的生产、加工和流通领域的产业化发展建立市场基础，促进农产品的商品化生产，提高企业对农业投资的效率。

总而言之，农业是我国国民经济继续健康发展的基础，而农业资金投入是农业稳定发展的前提和保障。因此，提高农业投资效益，增加农业资金投入，是我国农业现代化和产业化发展的必由之路。合理利用农业资金，提升农业投资效益，探索符合我国国情的农业高效发展模式，对于我国国民经济发展和社会主义新农村建设，都具有十分重要的意义。

第四章　农业经济管理的创新发展探究

随着科技的进步和社会环境的变化，农业经济管理面临着诸多挑战和机遇。本章着重研究农业经济管理的信息化建设、可持续发展的思考以及大数据技术驱动的创新，以期为农业经济的未来发展提供有益的思路。

第一节　农业经济管理的信息化建设

当前，农产品的品类日益丰富，无公害、绿色、有机等产品供应充足，催生出了多元化的农业经济模式，使得传统农业经济的模式发生了翻天覆地的变化，农业经济管理逐渐受到了大众的广泛关注，并提出了新的要求。在农业经济管理信息化背景下，农产品的生产加工发生了巨大变化，产品的品质大幅度的提升，农产品的经营更加多元化，进一步加快了转型升级的步伐。

一、农业经济管理信息化的基本内容及意义

(一) 农业经济管理信息化的基本内容

农业经济管理信息化是指利用现代信息技术手段，对农业经济运行进行数据收集、分析、处理和管理的过程。它将信息技术与农业经济管理相结合，以提高农业生产和经营效率，优化资源配置，提升农业经济的质量和效益。

农业经济管理信息化的内容包括以下方面。

第一，数据采集和监控与数据分析决策。通过传感器、无线通信、互联网等技术手段，实时获取农业生产过程中的关键数据，如气象数据、土壤

水分数据、作物生长状况等。同时，利用现代技术对农田、仓储设施以及农业机械设备等进行远程监控，获取准确的实时数据，为农业经济决策提供依据。利用数据挖掘、大数据分析和人工智能等技术手段，对收集到的农业数据进行处理和分析。通过建立模型和算法，对农业经济运行的趋势和关键指标进行预测和评估，支持农业经济决策。

第二，农业供应链管理。借助信息技术，对农产品的生产、流通和销售等环节进行全程跟踪和管理。通过建立农产品质量追溯系统，实现对农产品的全程监管，提高农产品的质量和安全性。

第三，农业金融服务。利用信息技术建立农业金融服务平台，提供农业信贷、保险、支付等金融服务。通过便捷的线上渠道，方便农民对金融服务的获取，并降低信贷风险。

第四，农业市场信息服务。通过信息化手段，收集、整理和发布农产品市场信息，包括价格、需求、供应和流通情况等。为农业经济主体提供准确的市场信息，帮助其制定市场营销策略和决策。

第五，农产品电子商务推广与销售。利用互联网和移动互联网等技术手段，建立农产品电子商务平台，促进农产品的线上销售。通过电子商务渠道，解决农产品销售中的中间环节、交易成本等问题，提高销售效率和利润率。

(二) 农业经济管理信息化建设的现实意义

第一，提升农业生产效率，优化资源配置。农业经济管理信息化可以通过数据采集、分析和决策支持，提供准确的农业生产信息，帮助农民科学决策，优化资源配置，提高农业生产效率，从而提升农产品产量和质量，提高农民的收入水平。通过信息化手段，实现对农田、水资源、施肥等精细管理和优化配置。根据土壤、气象、作物需求等参数，进行精确施肥、节水灌溉等，最大限度提高资源利用效率，降低成本。

第二，提高农产品品质与安全，助推农业现代化发展。农业经济管理信息化可以建立农产品质量追溯体系，对农产品的生产、加工和流通环节进行监管和管理。通过全程追踪记录，确保农产品的质量和安全，增强消费者的信心和满意度。此外，农业经济管理信息化是农业现代化建设的重要组成部分。通过信息技术的应用，推动农业从传统的劳动密集型、低效益的生产模式向现代化的智能、高效益的生产模式转型，推进农业可持续发展。

第三，推动农业现代化与城乡一体化。农业经济管理信息化可以为农村居民提供信息服务，如农产品销售渠道、金融服务等，进而增加农村居民的经济收益，改善农村居民的生活质量。农业经济管理信息化促进了农业现代化发展，使农业与工业、服务业等在经济上相互融合。此外，通过互联网技术，农产品的电子商务推广与销售也加速了城乡一体化进程，缩小了城乡差距，促进了农村地区的发展。

二、农业经济管理信息化建设面临的主要问题

第一，缺乏高素质的信息化人才。目前，农村地区缺乏信息化方面的专业人才，无法满足农业经济管理信息化建设的需求。加之农村地区在信息化人员培训方面投入不足，缺少相关培训机构或培训计划，导致农村地区信息化人员普遍对现代信息技术理解不深，无法熟练应用信息技术进行农业经济管理，进行信息化建设。

第二，信息化技术设备落后。农村地区的基础设施相对薄弱，包括电力、通信网络等。宽带网络覆盖范围受限，影响了农业经济管理信息化建设的推进，导致农村地区无法及时准确地收集、传输和处理农业经济管理所需的大量数据。农业经济管理涉及大量的数据收集、分析和管理，往往会出现信息不对称和信息不准确的问题。一方面，农民缺乏对相关政策、农产品市场行情等信息的及时获取和了解；另一方面，由于农村地区信息化水平较低，数据的收集和录入可能存在不完整、不准确的情况，这给决策者带来了困扰，影响对农业经济管理的决策。

第三，系统安全性问题。农业经济管理信息化涉及大量的数据，包括农业生产、市场需求、财务等敏感信息。数据可能面临被未授权的访问、篡改、丢失或泄露的风险，对农业经济和农民利益造成严重影响。系统在运行过程中常常通过互联网连接，存在网络攻击和恶意软件侵入的风险。黑客攻击、病毒感染和分布式拒绝服务（DDoS）攻击等威胁可能会导致系统瘫痪、数据丢失或不可恢复的损失。农业经济管理信息化建设所需的硬件设备、服务器和通信设备等也面临物理安全威胁。

三、农业经济管理信息化水平的提升措施

(一)积极完善基础设施建设

农村地区的信息化基础设施需要升级和改进,包括建设更稳定可靠的服务器和存储设备、高速网络设施以及数据采集和传输设备等。同时,应注重设备的质量和耐用性,以满足农业经济管理信息化的需求。加强农村地区的网络覆盖和带宽改善,确保信息化系统的畅通和高效运行。这包括扩建光纤网络、建设移动通信基站等,以提供更稳定、高速的网络连接。建设专门的数据中心,用于存储和处理农业经济管理信息化所产生的大量数据。数据中心应具备安全稳定的环境和设备,能够进行数据备份、容灾备份和实时监控,确保数据的安全和可靠性。利用云计算技术,建立农业经济管理信息化的云平台,提供资源共享和弹性扩展的能力,以减少对硬件设备的依赖,提高系统的灵活性和可扩展性。加强农业经济管理信息化基础设施的安全防护措施,包括视频监控、入侵监测与防御系统、门禁控制等。要对设施进行定期巡检和维护,确保其正常运行和安全性。改进农业经济管理信息化中的数据采集和传输设备,提高数据的质量和准确性。

(二)提升从业人员的信息素养

要提升农业经济管理信息化从业人员的素养,推动科技创新应用,需要开展信息化培训课程和工作坊,提供从基础到高级的培训内容,培养农业经济管理从业人员的信息化知识和技能。此外,还可以举办讲座和研讨会,邀请专家学者和行业内的实践者分享最新的科技创新成果和应用案例。建立农业经济管理信息化示范项目,利用现代信息技术手段提高农业经济管理水平,并向农业经济管理从业人员展示这些先进技术和创新应用的效果,激发他们学习和应用的积极性。建立专业的技术支持和咨询服务机构,为农业经济管理从业人员提供必要的帮助和指导。通过技术支持和咨询,帮助他们解决实际问题,并加深对信息化技术和科技创新应用的理解与认知。积极促进农业经济管理从业人员之间的合作与交流。可以创建专业社群、论坛或平台,为他们提供讨论、分享和交流的机会,以便彼此学习和借鉴信息化应用

的经验和最佳实践。

(三) 搭建信息共享平台

第一,平台架构设计。确定平台的整体架构,包括服务器架设、数据库设计、前后端分离等方面。考虑到农业经济管理信息的多样性和复杂性,平台应具备灵活可扩展、安全可靠的特点。

第二,数据采集与整合。建立数据采集系统,通过各种途径收集农业经济管理相关的数据,包括种植、养殖、销售、市场行情等各方面的数据。同时,进行数据清洗和整合,保证数据的准确性和一致性。

第三,数据处理与分析。建立数据处理和分析模块,对采集到的数据进行加工和分析,提取有用的信息和指标,并生成相应的报表和图表。

第四,信息展示与共享。设计用户界面,将处理和分析后的信息以直观、易懂的方式展示出来,方便用户查询和使用。同时,实现信息共享功能,供用户互相交流和分享经验,促进农业经济管理的协同发展。

第五,安全与隐私保护。建立健全安全机制,确保平台的数据和用户信息的安全性。采用权限管理和数据加密等措施,保护用户隐私和敏感信息。

第六,推广与应用。通过宣传和推广活动,吸引更多的用户加入平台,并培养用户的信息化意识和能力。

(四) 强化数据质量监管

制定统一的数据采集和录入规范,明确数据字段、格式、单位等要求,确保数据的准确性和一致性。加强对数据采集和录入人员的培训,增强其操作技能和意识。在数据录入后引入数据验证机制,对数据进行逻辑和合法性验证,及时发现并纠正错误或异常数据。此外,可以考虑使用数据清洗工具,自动检测和处理数据中的重复、漏缺、错误等问题。建立完善的数据存储和备份管理机制,确保数据的安全性和可用性。采用安全的数据库和存储设备,实施定期数据备份,同时建立灾备机制,保障系统数据的稳定和安全。制定严格的数据权限与访问控制机制,确保只有经过授权的人员才可以访问和操作敏感数据。分配不同级别的权限给不同角色的用户,限制他们的数据访问范围,防止数据的泄露和滥用。定期对农业经济管理信息化系统的数据进行质量监测和评估，检查数据的准确性、完整性和及时性。

综上所述，农业经济的规模化、集约化和科技化已经成为一种必然的发展趋势，提高农业经济管理的信息化水平，可以更好地推动农业经济迈向新的台阶，从而更好地引领农民群众运用新技术、新理念和新方法，更好地规范农业生产，转变农业生产模式，实现农业产业结构的有效调整，确保广大农民群众能够获得更高的经济效益，为助推乡村振兴奠定坚实的基础。

第二节　农业经济可持续发展的多维样态

农业一直以来都是全球经济和社会的支柱之一，提供了人类生活所需的食品、纤维和能源。然而，现代农业面临着严峻的挑战，包括土地和水资源的有限性、生物多样性的丧失、气候变化的不确定性、市场波动和社会压力。同时，还必须满足不断增长的全球食品需求。因此，农业经济可持续发展变得至关重要，它需要在满足当前需求的同时，确保未来世代的需求也得到满足。农业经济可持续发展的核心目标是实现生产农产品的经济可行性，同时最大限度地减少对自然资源的负担，促进农村地区的繁荣，提高农民的生计。[①] 在这一背景下，本节将探讨农业经济可持续发展的主要问题和挑战，并研究实现可持续发展的不同途径和策略，以期为农业经济的可持续性提供有益的见解和建议。

一、影响农业经济可持续发展的因素

（一）自然因素

自然因素是影响农业经济可持续发展的重要因素。土地资源、水资源、气候等自然资源的短缺和变化都会对农业生产产生负面影响。例如，土地荒漠化、水资源短缺和极端天气等自然灾害都可能导致农业生产减产和农民收入下降。此外，自然因素还涉及农业生态环境的保护和改善，如土壤质量、水资源污染和生态系统的破坏等，这些因素都会对农业生产产生长期的影响。

---

① 吴秀芳. 农业经济可持续发展问题分析 [J]. 农家参谋, 2022, (03): 120-122.

(二) 社会因素

社会因素也是影响农业经济可持续发展的关键因素。人口增长、城市化、工业化等社会问题也会对农业生产产生影响。例如，城市化进程可能导致农业用地的减少和农村人口的流失，这些问题都会对农业生产产生不利的影响。同时，社会问题的解决也需要从可持续发展的角度出发，如提高农民收入、改善农村基础设施和社会保障等，这些措施都有助于促进农业经济的可持续发展。

(三) 经济因素

经济因素是影响农业经济可持续发展的主要因素。农产品市场价格波动、农业产业结构调整等都会对农业生产产生影响。例如，农产品的价格波动可能会导致农民收入的不稳定，从而影响农民生产的积极性和农业生产的稳定性。同时，农业产业结构的调整也会对农业生产产生影响，如市场需求的变化和新技术应用等，这些因素都会对农业生产产生影响。

(四) 科技因素

科技因素是影响农业经济可持续发展的核心因素。农业科技创新可以提高农业生产效率，改善农业生产环境，促进农业经济可持续发展。例如，现代科技的应用可以提高农作物的产量和质量，从而增加农民的收入和改善农村的经济状况。同时，科技创新还可以改善农业生产环境，如减少化肥和农药的使用、提高土地利用率等，这些措施都有助于促进农业经济的可持续发展。

二、农业经济可持续发展面临的挑战

(一) 生态环境破坏

生态环境破坏是农业经济可持续发展面临的首要挑战之一。农业活动往往涉及土地利用、水资源管理和化学物质使用等，这些行为可能对生态系统造成直接和间接的危害。首先，土地利用不合理和过度开发会导致土地荒漠化、土壤侵蚀和土地质量下降。这些现象降低了土地的生产力，限制了农业的可持续性。土壤质量下降还可能导致需求更多的化肥和农药，加剧了环境污染。其次，农业的水资源需求巨大，灌溉是农业生产中的重要环节。不恰当的灌溉会导致水资源浪费和地下水位下降。过度抽取地下水会损害生态系统中的地下水资源，对饮水和生态平衡造成威胁。最后，农药和化肥的使用是现代农业的重要组成部分，但过度使用会导致水体污染和土地生态系统的损害。农药残留物可能进入水源，对水生生物和人类健康产生危害。化肥过量使用可能改变土壤化学性质，对土壤和水资源造成长期损害。

（二）气候变化

气候变化对农业经济可持续发展构成了巨大挑战。全球气温上升、极端天气事件的增多、降水模式的变化等气候变化现象直接影响了农业生产。首先，气候变化导致了更加频繁和严重的极端天气事件，如干旱、洪水和暴风雨。这些事件对农作物产量和质量造成了直接威胁，可能导致严重的收成损失。农民很难应对气象条件的不断变化，这使农业经济的稳定性受到影响。其次，气候变化对季节性和农业生产的可预测性产生了影响。温度升高可能导致生育期的缩短或扩展，这影响了农作物的生长和发育。不规律的降雨和更频繁的干旱事件使农民难以确定最佳的播种和收割时间，增加了农业风险。最后，气候变化还影响了农业区域的适宜性。一些地区可能因气温上升而逐渐失去适宜种植某些农作物的条件，导致农业产业结构的调整和生态系统的变化。

（三）资源短缺

资源短缺是农业经济可持续发展的又一个关键挑战。土地、水资源和能源是农业的核心要素，但它们的供应受到了多方面的限制。

首先，土地资源有限。随着城市化的不断扩张和工业用地的需求增加，可供农业利用的土地面积在不断减少。这种土地资源的有限性可能导致土地价格上升，使农民难以扩大种植规模或开垦新土地。

其次，水资源短缺是一个严重问题。农业依赖大量的水资源，用于灌溉、养殖和农产品加工。然而，全球水资源供应面临压力，许多地区面临水资源短缺的问题。地下水位下降、河流流量减少和水质污染都对农业生产的水资源供应构成了威胁。

最后，能源的价格和可获得性对农业经济有重大影响。农业生产需要能源，包括燃料用于农机、电力用于灌溉和农产品处理。能源价格的波动可能导致农业生产成本的不稳定性，增加了农民的经济风险。

(四) 农产品市场波动

农产品市场波动是农业经济可持续发展的另一个重大挑战。农产品价格的不稳定性对农民的收入和农业经济的可行性产生了直接影响。市场波动的原因多种多样，包括气候事件、政策调整、国际贸易不确定性以及供需关系的变化。气候事件如干旱、洪水和飓风可以对农作物产量造成直接影响，导致市场供应的波动。政府政策调整、农业补贴和贸易协定的变化也可能导致价格波动。此外，全球供需关系的变化，包括新兴市场需求的增加和粮食储备水平的波动，也对农产品价格产生了影响。农产品市场的波动使农民难以稳定计划生产和决策投资，这不仅增加了农业经济的不确定性，还可能导致农民面临经济损失。

三、农业经济可持续发展的有效路径

(一) 大力加强政策引导和支持

首先，可以通过农业补贴和财政支持，帮助农民降低生产成本，提高农产品的竞争力。这些政策包括提供优惠的贷款、农业保险、农业技术培训等，以确保农业生产者在面对不确定性时有一定的安全网。

其次，制定土地管理政策，以确保土地资源的合理利用和保护。这包括土地改革、土地权益保护和土地流转等政策，以确保土地资源的可持续利用，防止土地荒漠化和过度开发。此外，建立价格稳定机制，确保农产品价格在合理范围内波动。这可以通过市场调节、价格补贴和贮备政策来实现，有助于稳定农民的收入，减轻市场波动对农业经济的冲击。

最后，制定环保政策，鼓励农业生产者采用可持续的农业实践，减少对自然资源的负担。这包括鼓励有机农业、减少农药和化肥的使用、推广节水技术等。政府的环保政策有助于改善生态环境，降低农业对自然资源的依赖。综上所述，加强政策引导和支持是实现农业经济可持续发展的重要路径之一。政府的政策举措可以为农民提供经济支持、资源管理和环保指导，有助于实现农业生产的经济可行性，同时最大限度地减少对自然环境的负担，为农业经济的可持续性创造更有利的条件。

（二）积极推进科技创新和人才培养

随着世界人口不断增长和食品需求不断上升，农业领域需要不断改进和现代化，以适应不断变化的挑战和需求。在这方面，科技创新被认为是推动农业向更可持续的方向迈进的关键驱动力之一。

首先，科技创新可以大大提高农业生产的效率。通过引入现代农业技术，如精准农业、遗传改良和智能农机，农民能够更好地管理土地和资源，提高农产品的产量和质量，同时降低生产成本。例如，精准农业技术允许农民根据土壤条件和需求精确施用肥料和农药，从而减少了资源的浪费和环境的负担。

其次，科技创新可以改善农业生产的可持续性。采用生态友好的农业实践，如有机农业和农业生态系统管理，有助于减少对化学农药和化肥的依赖，改善土壤质量，降低环境污染风险。此外，科技创新还可以推动可持续的灌溉和水资源管理，提高水资源的利用效率，减少水资源的浪费和污染，确保农业水资源的长期可用性。

最后，人才培养也是实现农业经济可持续发展不可或缺的一部分。培养农业领域的科学家、工程师和农村经济学家，有助于推动农业现代化和可持续发展。这些专业人才可以开展前沿研究，开发创新技术，提供政策建议，并将最新的科技知识传播给农民。人才培养还有助于农村社区的经济多元化，提高农民的就业机会和收入水平，减少对传统农业的过度依赖。

总之，推进科技创新和人才培养为实现农业经济可持续发展所必需的关键措施。这些措施有助于提高农业生产效率、降低资源浪费和环境污染，同时为农业经济的可持续性创造更有利的条件。通过不断引入新的科技和培养有才能的农业从业人员，可以更好地应对全球粮食需求、促进经济增长和保护生态环境等多重挑战。

(三) 不断优化农业产业结构

首先，优化农业产业结构需要以市场需求为导向。随着消费者对健康、环保等方面的关注度不断提高，有机、绿色、低碳等理念逐渐成为市场趋势。因此，农业产业结构优化需要紧密关注市场需求，结合当地自然资源和产业优势，发展具有差异化和特色化的农业产业。

其次，发展生态农业和有机农业等绿色产业是优化农业产业结构的重要方向。生态农业和有机农业可以降低农药、化肥等化学物质的投入，改善土壤质量，提高农产品质量，同时也有利于保护生态环境。通过推广生态农业和有机农业，可以推动农业产业的转型升级，实现经济、社会和生态效益的统一。

再次，优化农业产业结构需要加强农村经济的统筹规划。在推动农村一二三产业的融合发展方面，可以通过引导农民发展农家乐、农产品加工、农村旅游等产业，增加农民的就业机会和提高农民的收入水平。同时，需要加强对农业产业链的整合和优化，提高产业的集聚度和竞争力，实现农业经济的可持续发展。

最后，优化农业产业结构还需要加强政策引导和支持。政府可以通过提供财政补贴、税收优惠等措施，鼓励农民调整产业结构，推动绿色生产和低碳经济的发展。同时，加强对农业产业的监管和评估，确保农业产业结构调整符合可持续发展要求，实现农业经济的健康、可持续发展。总之，通过以市场需求为导向，发展绿色产业，加强农村经济统筹规划以及政策引导和支持等优化农业产业结构措施，可以推动农业产业的转型升级和可持续发展。

(四) 加强资源保护和生态环境治理

首先，需要建立完善的资源保护和生态环境治理法规体系。通过制定相关法律法规，明确资源利用和环境保护的标准、规范和要求，强化对土地、水资源、能源等资源的保护和管理。例如，可以制定严格的土地利用规划和耕地保护制度，防止非法占用和破坏土地资源；制定水资源保护和利用规划，实行用水许可证制度，加强对水资源的保护和管理。

其次，需要采取一系列措施减少化肥和农药的使用量。推广节水灌溉技术、合理施肥等农业节水技术和措施，可以减少化肥和农药的使用量，降低对土地和水资源的污染。例如，可以推广有机肥料和生物农药；开展病虫害绿色防控技术，采用生物防治等绿色防控技术，减少农药的使用量和残留量。

再次，需要加强对农业废弃物的回收和利用。农业废弃物是农业生产中不可避免的产物，但可以对其进行回收和资源化利用。例如，可以推广农作物秸秆综合利用技术，将农作物秸秆进行饲料化、肥料化、能源化等利用，实现资源的循环利用和农业废弃物的减量化、资源化和无害化。

最后，需要加强对农村环境的综合治理。农业生产过程中会对环境造成一定的影响，因此在农业生产结束后需要对农村环境进行综合治理。例如，清理农田废弃物，清理河道、沟渠等水域垃圾，加强对农村环境污染的治理和监管，推行生态养殖和畜禽粪便综合利用，实现农村环境的改善和农业生态系统的良性循环。综上，加强资源保护和生态环境治理是实现农业经济可持续发展的重要途径。只有通过建立完善的法规体系、采取有效的措施、加强农村环境治理等措施，才能实现对土地、水资源、能源等资源的合理利用和保护，维护农村生态环境，促进农业生产的绿色化和生态化，实现农业经济的可持续发展。

总之，农业经济可持续发展需要在多个方面进行努力，只有综合运用这些手段，才能推动农业经济的可持续发展，实现经济、社会和生态效益的协调统一。在全球面临可持续发展挑战的背景下，我国农业经济可持续发展可以为全球农业经济的发展做出贡献，为全球粮食安全和可持续发展做出贡献。

第三节　大数据技术驱动农业经济管理创新

伴随着大数据技术日益发展并应用到各个领域中，为各个领域与企业带来了经济转折与动力。当然对于身处于大数据时代背景下的农业经济管理亦是如此，也会面临诸多的机遇与挑战。就农业经济管理来说，若仍然采用传统的经济管理模式，就会阻碍我国农业经济发展，无法发挥大数据技术的作用。基于此，就需要加大数据技术应用农业经济管理中的相关研究，了解大数据技术对农业经济管理的重要性，从而推动农业经济管理在大数据技术推动下完成变革，促进我国农业经济发展。

一、大数据在农业经济管理中的作用体现

(一) 大数据促进农业科学发展

我国是农业大国，农业经济发展与人们的生活密不可分，农业生产不仅能够为我国提供充足的粮食储备，同时也是推动其他产业发展的主要基础。但是目前对农业经济发展有制约影响的主要因素就是自然灾害，包括天气、土壤等因素，这些自然因素作为不可抗因素，会对农业经济产生极大的影响。在传统农业种植模式中农民大多是凭借长年积累的种植经验，在应对自然灾害方面处于劣势状态，且在传统农业种植模式下农作物产量低，销路窄，一定程度上无法满足现代发展需求，同时影响农民经济收入。随着大数据技术应用于农业经济管理中，一方面能够通过大数据分析农业生产数据，从而更好地分析了解自然灾害，另一方面通过大数据技术能够及时反映出农业整体情况并及时调整农业生产结构。除此之外，大数据技术能够对农业生产环境进行预测，从而提高农作物的种植环境，极大程度避免由于种植环境而导致的经济损失。

(二) 大数据提升农业配套服务

大数据技术在农业配套服务中同样得到应用。在土地流转的过程中应用大数据技术，能够提高对土地资源的利用，实现农业大规模集中化生产。[①]目前我国在土地流转方面的工作还不够规范，主要表现在仍然存在随意流转土地，土地合同不规范等问题，甚至还有土地流转地下交易市场，这些都是导致土地流转不规范的主要因素，从而导致土地使用率降低，浪费土地，并加剧矛盾产生。因而使用大数据技术可以有效避免上述问题，通过大数据技术规范土地流转，从而有序使用土地，避免浪费土地资源，进而更好地调控土地流转价值。而在实际工作中，工作人员也可以使用大数据技术对农业经

① 吴秀芳. 农业经济可持续发展问题分析 [J]. 农家参谋，2022，(03)：120-122.

营者进行主体记录，包括个人道德品质、生产量以及信誉记录等，通过分析个人数据以此评估贷款行为。

（三）大数据预测农业生产情况

我国作为农业大国，在近几年逐渐出现许多涉农企业，其中主要以提供生产资料服务企业、提供农产品企业以及农产品加工业和农产品销售企业为主。而这些企业对农业经济的影响是极其重大的，不仅能够带动农业经济管理方面的发展，同时还促进我国农业经济的迅速发展，并且对于其他企业经济而言也有带动促进的作用。比如农作物生产状况良好，能够带动农产品加工企业经济发展，而农产品在加工后需要将其销售。一方面增加农业生产者的收入，另一方面也提供多种劳动岗位，而这些则对企业经济发展有重大促进作用。但是涉农企业在迅速发展过程中，大数据技术会给农业市场以及加工行业带来一定影响，主要表现在大数据技术会弱化农业信息，久而久之市场竞争力就会逐渐下降。因此通过大数据技术对农业经济进行适当管控，有助于提高市场灵活性，同时能够促进涉农企业及时改革转型，推动农产品加工行业的结构优化。并且随着农业经济的发展，涉农企业的生产技术以及生产程序和管理市场信息方面都会出现问题，通过大数据技术督促管理涉农企业生产技术以及生产程序，会进一步改善农业生产工序。

（四）大数据提高农业决策的科学性

我国传统农业生产经营方式主要是通过人力农业完成生产，这种传统方式导致农业效率低下，且无法吸引年轻血液从事农业发展。现如今大部分农村地区青少年迫于生活压力放弃农业生产进而到城市发展，导致从事农业行业的青少年越来越少，这是因为只有在更好的行业中才能获得更多的收入，而传统农业种植模式显然已经无法满足年轻一代的经济需要。这样一来研究农业的年轻人越来越少，就会导致农村经济无法得到直接性的发展。针对这一问题，当地政府首先要对本地农业支持和重视。比如提高农业研究人员相关的福利，通过相关的福利政策吸引更多年轻人从事科学农业生产。除此之外也要对农业生产活动投入一定资金进行支持，对于个别设备政府给予补贴帮助，这样可以减少农民的劳动量，也可以提高农业种植效率。先进的科技设备能够省时省力，同时能够对农业的发展趋势做出相应的预判。此外，加强大数据技术的使用能够更好地经营农业生产，提高农业经济发展，比如通过大数据对农作物进行数据分析对比研究，从而对农作物的生长有一定了解，保证农作物的正常生长，大数据技术能够分析农作物所适应的生长环境，帮助农民更好地掌握农作物种植方式，从而提高农作物的产量。

二、大数据在农业经济管理中的应用措施及建议

大数据在农业中的合理使用能够推动农业经济发展，在一定程度上可以帮助从事农业人员及时发现风险并规避风险，因此要对大数据人员的数据分析能力进行定期培训，从而确保大数据信息的准确性。

(一) 构建大数据平台，创造特色农业产品

对于农业生产来说，数据信息的准确性和多元化是十分重要的。农业中需要结合不同的数据来分析农作物，从而确认农作物的生长环境是否适合，以及明确农作物的生长状况，同时可以通过多种渠道收集农业种植相关信息。因此要积极构建大数据技术平台，比如使用手工填报以及业务共享等将数据信息导入到平台中，并采集农业、农民和环境数据，从而提高数据采集的工作效率，并保证数据的准确性和科学性。除此之外要将数据信息及时进行分析和更新，对数据合理拆解，组装不同数据维度，并对农业数据构建多维度模型，从而最大限度发挥大数据资源的价值。并且通过构建大数据平台将农产品进行特色划分，使得农产品在价值方面能够最大限度提升，进而促进经济效益的增长。

(二) 将大数据技术融入农业发展

农业中妥善使用大数据技术能够让农民在种植农业过程中更为科学轻松。首先，大数据中包含天气数据、GPS 数据以及土壤数据和种子数据等，在对这些重要数据进行管理和模拟后，就可以在短期内实现利益最大化。其次，在农作物种植后将这些数据提供给肥料以及药剂供应商，将这些数据统一放置到一个模型后，利用专业计算，向农民提供最优化的方案。最后，农机商户是农业价值链最为重要的一端，他们需要通过部分资金将其运行到最

佳时间，还需要支持各种数据的采集，例如，土壤、水分等。并让这些数据利用价值链发挥最大的作用，进而得到进一步的处理。

除去这些涉农企业以外，同样也需要对天气和贸易有初步的数据合作，在日益复杂的经济系统中，他们同样也需要来自不同领域的数据。大数据技术通过精准化分析气候、土壤等数据，及时预测农业产品状态。而在精准农业中需要利用控制中心对数据进行分析，来帮助从事农业人员在播种、施肥以及收割方面做出相应的抉择，并及时检测田地周围的湿度和温度数据。在农业使用大数据技术的过程中，相关部门可以专门聘请大数据人才，在田地中，设立取样点，对土壤进行分析测试。在完成后得到相应的书面报告，从而对土壤分析能够做出前瞻性的预判。

(三) 提高数据分析能力

虽然大数据技术在农业经济管理中能够最大限度提高农业经济，但是这仅只限于当下。就长远角度来看，在使用大数据技术的过程中，需要提高对大数据技术的分析，以此实现农业经济管理的科学性。在农业经济管理中使用大数据技术时，需要将数据的主要信息进行完善优化并将其保存处理，同时还要将各种农业数据信息进行收集和分析，并将分析所得的数据利用互联网技术传输到网络信息库里。而从事农业人员使用信息数据时，可以根据自身情况制订合理的农业种植方案，以此提高农业经济的可持续发展。同时要注意对分析数据员工进行定期培训，数据分析人才对数据具有高度敏锐性，才能通过数据捕捉重要信息。比如在分析大数据时，要将大数据信息库进行完善，在分析数据后要多次确认数据的准确性和科学性；在采集数据时要注重从一性，让一名员工专门采集数据；另一名员工收集分析数据，通过分工合作不断强化数据的准确率，从而提高员工对数据的分析能力。

(四) 培养大数据应用人才

在新型农业经济管理中，需要高质量人才，而在大数据推动使用下，涉农企业同样需要高素质、高质量人才，只有高质量、高水平、高能力的数据分析人才才能够推动涉农企业更全面、更迅速、更健康地发展。因此各个涉农企业首先要对员工定期开展培训工作，提高员工专业水平能力。首先在平时的培训中，要经常为员工灌输一些关于大数据的理论知识，并指导员工操作信息技术，让员工能够熟练地使用互联网技术。这样才能够将大数据技术完全应用到农业经济管理中并发挥相应作用。其次涉农企业在招聘员工时，要考察员工对信息技术的使用情况，尽量招收一些高质量、高水平员工和创新型人才，从而提高企业的未来发展动力。最后企业通过奖惩机制和提高薪酬的奖励政策调动员工工作的积极性。虽然受传统农业经济影响，大多数从事农业的人员对大数据技术并不了解，但作为新型涉农企业要不断提高员工的专业能力，以及加强对从事农业生产者的理论知识培训，使其自愿配合大数据的使用。此外，涉农企业也可以与高校进行合作，培养大数据人才，解决大数据人才的就业问题。

(五) 增强新媒体宣传力度

在大数据技术的不断应用下，为提高农业电商营销活动顺利展开，也为顺应电商趋势，合理将大数据应用到农业经济中。一方面通过电商平台建设新媒体营销团队，引导员工了解农作物的生产状况，比如在进行有机蔬菜营销时，员工可以为顾客介绍有机蔬菜的种植过程，以此吸引更多顾客的关注。同时要增强新媒体团队员工的传播意识，要求员工每日通过微信公众号平台为顾客推送相关的农产品信息以及农产品的种植过程，通过多方面的宣传工作，强化顾客对农产品种植的认识。此外，在引流方面相关人员可以做好农产品促销活动，利用新媒体的推送功能定期对顾客进行农产品推送，同时需要避免过度推送，避免降低顾客购买力。因此新媒体团队在推送农产品信息时要尽量在顾客休息时间，在 11：00～13：00，或者是 20：00～22：00点，从而提高农产品对顾客的吸引力，达到预期的营销目的。通过新媒体对农业的宣传，使得更多消费者在购买产品时能够对农业产品有更为深入的了解，同时利用新媒体技术的宣传也能带动农业经济的发展。

综合而言，目前我国农业处于改革转型时期，因此为提高农业产量以及从事农业人员的管理，积极引进运用大数据技术，充分发挥信息技术的优势，构建新型农业生产模式，通过准确的信息数据对农作物进行全面分析，并对所出现的问题及时解决，从而打造一体化的农业经济发展模式，以提高从事农业的人员收入为基础，带动农业经济发展为目标，从而使得我国尽早成为新型农业强国。

第四节　农业经济管理专业人才培养模式创新

农业作为我国主要的经济来源之一，需要大批农业经济管理人才支撑，但是农业发展速度逐渐加快，反而造成人才储备方面的不足。为了培养更多优秀农业管理人才，服务于我国农业经济发展，应积极创新人才培养模式，以就业为导向打破传统的教学机制，提高人才实践培养。目前来看传统重理论轻实践的人才培养模式已经无法满足需求，必须改变传统的教育弊端，以合作办学、合作育人和合作发展为基础条件，不断深化农业经济管理专业人才培养模式，加强理论与实践的融合，提高培养质量获得显著成效。

一、农业经济管理专业人才培养需求

（一）实践应用型人才

当前的农业经济管理专业，对实践应用型人才需求更高，由于传统教育中大多突出理论知识培养，所以农业经济管理人才在实践能力上存在不足，大部分学生没有真正进入过农业生产现场，因此严重缺乏实践经验。虽然适当开展了实验课和实习课，但效果并不理想，无法达到预期的实践教育目的，最终导致学生缺乏主动性。农业经济管理专业应用型人才，大多实践能力突出、适应能力强的人才，在进入工作岗位后不需要经过长期培训即可适应环境，能够直接从事农业经济管理工作，或直接指导农业经营管理活动。因此人才培养模式创新势在必行，必须加强探索改变理论扎实、实践不足的问题，多给学生参与实践的机会，从根本上提高动手能力。

（二）理论研究型人才

理论研究型人才是传统教育模式下诞生的农业经济管理专业人才，具有较为扎实的理论知识结构，能够立足于农业经济发展问题提出有效指导。

现阶段我国农业逐渐朝着现代化发展趋势前行，并且进入了全新的发展阶段。相比以往农业发展滞后可以通过借鉴经验来实现突破，但在全新的农业经济体制与发展阶段，创新才是最重要的因素，而理论研究型人才可以为农业经济管理政策的创新给予支持，从根本上解决农业发展困境。另外有了理论知识的支撑，相关人员可以随时进入社会展开调查分析，借助外力去解决现实问题，从而推动我国农业经济快速发展。

（三）混合型农业人才

混合型农业经济管理专业人才，代表具备扎实的理论基础，同时实践能力相对突出，可以直接参与到政策制定或农业经济管理工作中。但是混合型人才在教育方面要求非常高，首先需要将理论与实践进行结合，确保学生形成扎实的理论结构，并在实践活动中接触更多农业生产，通过积累经验提高自身综合能力。其次混合型人才代表解决问题的能力突出，能够满足现代社会对于人才的需求，真正为我国农业发展做出有力贡献，因此未来要积极推行混合型人才培养模式，为我国提供更加充足的人力资源储备。

二、农业经济管理专业人才培养的现状

（一）特色不够鲜明

当前我国农业经济管理进入全新的阶段，所以管理模式也在不断转变，比如提高了农产品质量的重视度，大力开展农业产品深加工，这也促使我国农业经济管理理念趋于现代化。但是在人才培养过程中特色不够鲜明，没能基于农业经济发展构建人才培养目标，甚至在专业课程方面与当前的农业经济管理不匹配。比如课程内容相对滞后，课程结构与农业经济管理专业相脱节，并不符合现代化农业发展需求，最终导致专业特色不足，毕业生的知识、技能与现代农业发展相去甚远，在人才培养过程中没有发挥出学科优势与区域优势，并且缺少社会市场需求调查。

（二）重理论轻实践

目前来看农业经济管理专业人才的竞争力不强，在进入工作岗位后缺

少责任感、使命感,同时实践能力相对薄弱,这也是传统人才培养模式中的明显缺陷。由于农业经济管理专业人才培养过度重视理论培养,导致实践教学难以落实,并且缺少具备实践训练的基地,所以很难快速适应工作岗位,甚至需要经过长期的培训,才能逐步投入到工作实践中。另外在人才培养过程中对于区域经济发展的联系不够紧密,未能切实了解学生的发展诉求,而学生忙于择业求职导致实习过程相对形式化,从实习报告就能看出学生的实践能力参差不齐,难以掌握农业经济管理专业技能,甚至无法独立思考和解决问题。因此重理论轻实践是在培养人才过程中最大的缺陷,若不及时做出调整和改变,农业经济管理专业人才就业率会因此下降,人才培养质量无法得到保障。

三、农业经济管理专业人才培养模式的创新策略

(一) 不断加强理论知识学习

在农业经济管理人才培养过程中理论仍然是不可或缺的部分,所以仍然要加强理论知识学习,理论方面侧重于农业发展过程中的政策问题,通过加强理论深度能够将问题转化成理论,从而为我国农业经济发展提供实践指导。因此理论知识也是指导实践的重要条件,在人才培养过程中仍然要重视理论知识学习,并且农业经济发展迅速,处于不断变化的态势,农业经济管理专业人才必须持续学习,掌握最先进的专业知识,才能为开展相关工作奠定基础。另外理论学习可以提高农业经济管理人员的知识储备和综合素质,通过不断强化理论挖掘自身潜能,在农业经济管理工作中发挥优势。现阶段理论学习应该注重经济学,通过掌握经济学理论对农业活动进行指导,所以在教育过程中经济学仍然是不可分割的部分,在课时分配上应加大重视,确保学生能够掌握较为系统性的经济学理论。

(二) 有效增强实践应用训练

以往农业经济管理专业人才培养中的最大弊端,就是过度重视理论知识传递,没能进行相应的实践训练,所以学生很难将掌握的知识进行转化,自身实践能力与经验不足。当下应加强理论与实践的融合,在持续学习理论

知识的条件下，打造实践训练基地，完善实践教学设备，制订全面的实践培养计划，为学生提供针对性的实践教学。实践是理论学习的最终目标，农业经济管理人才必须具备优秀的实践能力，才会在参与相关工作时实现自我价值，但是传统教学模式中理论与实践的融合衔接不足，这也成为农业经济管理专业人才培养中的普遍问题。现阶段加强实践训练才是提高人才培养质量的关键，不仅要提供相应的实践教育内容，同时鼓励相关人才深入企业、单位进行实训，增强实践能力的同时丰富经验。除此之外，要求学生到农村社区经济组织进行顶岗实习，主要开展农业经济组织产线策划、中期管理以及后期营销等工作，深入农业市场进行调查分析，结合农业生产要素制订详细的方案，在真实的环境下获得提高。

(三) 提前明确人才培养目标

为了顺利培养农业经济管理专业人才，应提前明确人才培养目标，这样才有利于教育工作者组织实施教学计划，引导学生掌握专业知识与技能。当前我国在农业经济管理人才培养方面侧重于理论，并且人才培养模式对学生的具体发展需求考虑不足，最终造成人才与社会发展不匹配。对于农业经济管理人才来说，除了具备扎实的理论知识，具备良好的实践操作能力以外，应加强学生职业素养的培育，不断提高创新意识与创新能力，逐渐成为时代发展所需要的优秀人才。另外在培养过程中要注意自身区域优势，应该结合社会与学生就业期望，突出高校自身与农业经济管理专业人才培养特点，比如我国浙江地区在农业经济管理教育方面，就注重培养学生熟悉食品国际商务流程，打开学生的全球视野，从而培养农业食品领域的商务人才。我国传统农业正在不断变化，人才培养目标也要做到与时俱进，真正服务于农业经济发展，从而加速推动我国农业现代化进程。

(四) 大力推行校企合作育人

在当前的社会形势下人才培养倡导校企结合，这是培养实践应用型人才的重要途径，尤其对于农业经济管理专业人才来说，在参与工作后必然会要求具备较强的实践能力，相反如果实践能力不足很难快速适应工作岗位。校企合作是一种双赢的育人模式，主要建立在学校与企业的合作基础上，以便学校能够及时了解农业经济管理专业特点与市场行情，选择更贴近社会发展需求的方法进行人才培养。通过建立合作关系学生还能进入企业接触实践，充分了解自身的不足，并且企业能够提供更多的教学资源，因此推行校企合作有利于培养农业经济管理专业人才。教育过程中可以多与农村社区经济管理部门、农村合作经济组织以及农业经营企业展开合作，让学生充分了解岗位需求，不断丰富自身的经验，从而更好地服务于我国农业经济发展。

(五) 积极完善考核评价体系

在农业经济管理专业人才培养过程中，除了要有完善的教育体系外，同时要制定相应的考核评价机制，以此来判断学生的个人能力与水平。另外传统考核评价方式较为落后，大多通过理论测试来判断，衡量学生能力，这也导致考核标准不够全面，难以对学生进行公平客观的评价。在农业经济管理评价机制中，不仅要加强理论知识考核，实践考核也是必不可少的部分，这样才能针对性地指导学生学习。注重丰富考核评价方法，在教师评价的基础上，展开学生自评、学生互评，必须让学生在评价中了解自身的不足，从而加以改进，实现全面发展。

(六) 十分注重教师队伍建设

农业经济管理人才培养与教育工作者能力素养密不可分，由于以往该专业的教育体系不够完善，导致师资力量储备不足，并且教学能力参差不齐，学生的综合素质自然无法提高。当下首先应重视教师队伍建设，打造专业能力水平高的教师团队，通过加强教师的专业培训，确保教师掌握最新的农业经济管理知识，借助学术研究和进修等途径，提高教师的综合能力。其次注意提高教师个人职业素养，可以通过奖励的方式提高教师的积极性，或在教师科研、立项等方面给予支持，使其充分认识到自身的职责所在，利用现代化教育理念服务农业经济管理人才培养。

综合而言，目前我国农业发展十分迅速，并且逐渐面向国际市场，带来了巨大的经济效益，但是也暴露出农业经济管理专业人才稀缺的问题。当前我国在农业经济管理人才培养方面仍存在不足，应改变现有的人才培养模式，通过长期的探索和实践，不断优化完善农业经济管理人才培养机制，这对推动我国农业发展有着显著影响。农业经济管理人才培养需要从多方面入手，这是一项庞大的系统性工程，除了抓好基础的教育工作以外，还可以尝试制订农业经济管理人才培养计划，加强理论知识教育，注重实践操作指导，不断壮大人才培养队伍，为推动农业经济管理人才发展打下扎实基础。

第五章　新经济时代下的经济管理实践研究

新经济时代的到来给传统经济管理实践带来了巨大变革。本章主要分析循环经济、知识经济和数字经济与实体经济的融合发展，为各组织在新的经济环境下应对挑战和抓住机遇提供策略指导。

第一节　循环经济及其管理模式构建

我国虽然国土面积比较广阔，但资源分布十分不均匀，环境资源的制约，也影响了社会经济的进一步发展。加上过去很长一段时间对环境不够重视，导致自然生存环境受到严重污染，因此，对于构建循环经济管理模式的研究，可以更好促进我国循环经济的进一步发展。

一、对循环经济的基本认识

(一) 循环经济的起源与发展

循环经济是人类与环境的关系长期演变的产物。从历史上看，人类的经济发展模式经历了三个阶段的变化，并开始朝循环经济的模式转变。

1. 传统经济模式

在人类社会的早期，原始人类主要从事渔猎与采集活动，生产力极其低下，在强大的自然面前，人类表现得软弱乏力，只能依赖与服从，因此对自然的态度主要是崇拜与敬畏。这个阶段，人类是自然的一部分，在与自然进行物质交换的过程中与其他动物基本一致，取之于自然又还之于自然，对自然的破坏力相对微弱。

进入农业社会以后，社会生产力有了一次飞跃发展，人类改造自然、控制自然的能力也随之增强，为了满足自身的生存需要，人类开始砍伐森林、烧毁草原、种植庄稼、治水修路和开凿运河等，并越来越轻松地控制了食物生产。在这些成就面前，人类征服自然的思想迅速膨胀，对自然的利用程度与破坏力度也日益增加，这使得人与自然的关系逐渐走上分离乃至于对立、冲突的道路。

随着资本主义的发展和第一次工业革命的爆发，人类开始步入大规模征服自然的阶段。在这个阶段，人类依靠科学技术的力量，不断增强社会生产力，使社会生产力实现了又一次更大、更迅猛的飞跃发展，而随之带来环境污染、生态失调、能源短缺、城市臃肿、交通紊乱、人口膨胀和粮食不足等一系列困扰人类的严重问题，这表明数百年的工业革命进程已人为阻断了人与自然和谐统一的关系，人类与自然的关系日益疏离。人类"战胜"了自然，但自然也毫不客气地"报复"了人类，使人类陷入发展的困境。

分析人类社会发展史，可以初步得出这样一个结论：传统的农业经济与工业经济都以人类自身的需求为中心，以高开采、低利用、高排放为特征，以"资源—生产—流通—消费—丢弃"和"资源—产品—污染物"为社会运行模式和物流模式，没有自觉考虑经济活动对环境的冲击，从大自然不断索取资源，并不加处理地向环境中排放废弃物。这必然会不断加剧环境污染、生态破坏和资源短缺，由此造成出入经济系统的物质流远远大于系统内部相互交流的物质流，经济增长以大量消耗自然界的资源和能源以及大规模破坏人类生存环境为代价，不能实现可持续发展。

2. 末端治理模式

进入工业化中后期，环境污染成为阻碍经济发展的一个主要因素。在经历了马斯河谷烟雾事件、伦敦烟雾事件、洛杉矶光化学烟雾事件、日本水俣病事件等一系列公害后，人类终因严酷的事实而警醒，开始全面反省对自然的态度，认识到保护环境的重要性，并不断研究治理环境污染的技术和设备，这些活动为人类控制环境污染提供了可能性。从20世纪60年代开始，发达国家普遍采用末端治理的方法进行污染防治，投入了大量的人力和物力。这种模式虽然有一定的成效，但究其根本，仍是"先污染，后治理"，即在生产链终点或者是在废弃物排放到自然界之前，对其进行一系列的物理、化学或生物处理，以最大限度地降低污染物对自然界的危害。

末端治理模式的理论依据前期主要是庇古的"外部效应内部化"，认为可通过征收"庇古税"来达到减少污染排放的目的。"科斯定理"也成为末端治理的又一理论依据，提出在产权明晰的前提下，可以通过谈判的方式解决环境污染问题，并且可以达到帕累托最优。环境库兹涅茨曲线理论则指出，环境污染与人均国民收入的关系达到某一程度时，环境问题会迎刃而解。环境资源交易系统"最大最小"理论也成为末端治理的理论基础之一。

这些理论为早期环境经济学家提出"污染者付费原则"提供了理论保障，它们曾经为遏制环境污染的迅速扩大发挥了历史性作用。但末端治理理论无法搭起对资源短缺乃至资源枯竭这一现实的分析框架。末端治理的不足之处主要表现为：治理技术难度大，治理成本较高，很难平衡经济、社会和环境效益之间的关系，难以调动企业积极性；能源与资源不能有效利用，一些可以回收利用的原材料变成"三废"，产生不必要的资源浪费与环境污染；污染物排放标准中只注意浓度控制而忽视总量控制，在废物排放量大的情况下，很容易造成实际污染排放量超出环境承载能力的情况。

总的来说，末端治理依旧是从人类利益出发的，维护人类的价值和权利仍然是人类活动的最根本出发点和最终价值尺度。对环境而言，通过末端治理虽然可以减少某一形式污染物的产生量，但是污染物往往会在介质之间转移，即从一种形式转化为另一种形式，如净化废气产生废水，净化污水又产生污泥，焚烧固体废物又会产生大气污染等。因此，末端治理模式虽然在治理过程中产生小循环，但是整个物质流动过程依然是线性的，仍然会造成环境质量下降，资源供应枯竭，最终导致人类生存环境的恶化。

3. 循环经济模式

20世纪90年代以来，可持续发展问题受到各国政府的重视，越来越多的有识之士认识到资源与环境问题日趋严重的根源在于工业革命后采用的人与自然对立的经济模式。如何谋求人与自然共生共荣，协调发展，成为各国普遍关注的议题。循环经济就是在长期的探索中找到的一种符合可持续发展目标的有效模式。

20世纪70年代以前，循环经济思想还是一种超前理念，人们更为关注的仍然是污染物产生后如何治理以减少其危害，在环境保护领域普遍采用了末端治理方式。进入20世纪80年代，在经历了从"排放废物"到"净化废物"，再到"利用废物"的过程后，人类开始采用资源化的方式处理废弃物，但对于污染物的产生是否合理，是否应该从生产和消费源头上防止污染产生这些根本性问题，大多数国家仍然缺少战略洞见和政策措施。总的说来，二十世纪七八十年代的环境保护运动主要关注的是经济活动造成的生态后果，而经济运行机制本身始终落在人们的研究视野之外。20世纪90年代，可持续发展战略成为世界潮流，源头预防和全过程治理替代末端治理成为国际社会环境与发展政策的主流，人们在不断探索和总结的基础上，以资源利用最大化和污染排放最小化为主线，逐渐将清洁生产、资源综合利用、生态设计和可持续消费等融为一套系统的循环经济战略。

循环经济把清洁生产和废弃物的综合利用融为一体，它既要求物质在经济体系内被多次重复利用，进入系统的所有物质和能源在不断进行的循环过程中得到合理和持续的使用，达到生产和消费的"非物质化"，尽量减少对物质特别是自然资源的消耗，又要求经济体系排放到环境中的废物可以为环境所同化，并且排放总量不超过环境的自净能力。循环经济实现"非物质化"的重要途径是提供功能化服务，而不仅仅是提供产品本身；做到物质商品"利用"的最大化，而不是"消费"的最大化；并在满足人类不断增长的物质需要的同时，大幅度地减少物质消耗。同时，经济体系各产业部门协调运作，将一个部门的废弃物用作另一个部门的原材料，从而实现"低开采，高利用，低排放"，进而形成"最优生产、最优消费和最少废弃"的社会。

总之，循环经济物流模式可以认为是"资源—生产—流通—消费—再生资源"的反馈式流程，运行模式为"资源—产品—再生资源"。

(二) 循环经济的概念及原则

1. 循环经济的概念理解

"循环经济"一词首次正式出现是在1996年德国颁布的《循环经济与废物管理法》中。2000年，日本颁布了《循环型社会形成推进基本法》和若干专门法，采用了"循环型社会"概念。国际上与这一概念相关的说法集中体现在工业领域和废旧资源利用领域，形成了诸如清洁生产、生态工业 (园)、工业共生体、零排放、废物减量化和最小化等说法。目前一些发达国家在循环经济的研究和实践方面取得了很多成果。

"循环经济"这一术语在中国出现于20世纪90年代中期，学术界在研究过程中从资源综合利用、环境保护、技术范式、经济形态和增长方式、广义和狭义等不同角度对其做了多种界定。当前，社会上普遍推行的是国家发改委对循环经济的定义："循环经济是一种以资源的高效利用和循环利用为核心，以'减量化，再利用，资源化'为原则，以低消耗，低排放，高效率为基本特征，符合可持续发展理念的经济增长模式，是对'大量生产、大量消费、大量废弃'的传统增长模式的根本变革。"[①] 这一定义不仅指出了循环经济的核心、原则、特征，也指出了循环经济是符合可持续发展理念的经济增长模式，抓住当前中国资源相对短缺而又大量消耗的症结，对解决中国资源对经济发展的瓶颈制约问题具有重要的现实意义。

从长远来看，循环经济本质上是一种生态经济，是可持续发展理念的具体体现和实现途径。它要求遵循生态学规律和经济规律，合理利用自然资源和环境容量，以"3R"原则发展经济，按照自然生态系统物质循环和能量流动规律重构经济系统，将经济系统和谐地纳入自然生态系统的物质循环过程之中，实现经济活动的生态化，以期建立与生态环境系统的结构和功能相协调的生态型社会经济系统。

2. 循环经济的基本原则

循环经济的核心是建立"资源—产品—再生资源"的生产和消费方式，减少资源利用及废物排放（Reduce），实施物料循环利用（Recycle），废弃物回收利用（Reuse），这就是被广泛推崇的"3R"原则。

（1）减量原则。要求减少进入生产和消费流程的物质量，即用较少的原料和能源投入满足既定的生产或消费需求，在经济活动的源头就做到节约资源和减少污染。在生产中，常要求产品体积小型化和重量轻型化，产品包装追求简单朴实而不是豪华浪费。在生活中，减少人们对物品的过度需求，从而达到减少废弃物排放的目的。

（2）再利用原则。要求产品和包装能够以初始的形式被多次使用。在生产中，常要求制造商使用标准尺寸进行设计，以便于更换部件而不必更换整个产品，同时鼓励发展再制造产业。在生活中，鼓励人们购买能够重复使用的物品。

---

① 郭福利，马歆. 循环经济理论与实践 [M]. 北京：中国经济出版社，2018：17.

（3）循环原则。要求生产出来的产品在完成其使用功能后能重新变成可以利用的资源而不是无用的垃圾。物质循环通常有两种方式：一是资源循环利用后形成与原来相同的产品；二是资源循环利用后形成不同的新产品。循环原则要求消费者和生产者购买循环物质比例大的产品，以使循环经济的整个过程实现闭合。

以上原则中，减量原则属于输入端方法，旨在减少进入生产和消费过程的物质量；再利用原则属于过程性方法，目的是提高产品和服务的利用效率；循环原则是输出端方法，通过把废物再次变成资源以减少末端处理负荷。但是，减量原则、再利用原则和循环原则在循环经济中并不是同等重要的，它们的优先级顺序是减量原则，再利用原则，循环原则。

实际上，循环经济不是简单地通过循环利用来实现废物资源化，而是在可持续发展理念指导下的一种新经济发展模式，其强调在优先减少资源消耗和废物产生的基础上综合运用"3R"原则。德国颁布的《循环经济与废物管理法》中明确规定了对待废弃物的优先处理顺序为：避免产生—循环利用—最终处置。首先，强调以源头预防废弃物产生的思想代替生产过程末端治理的思想，将污染防治贯穿于整个生产和消费活动的全过程。其次，对于源头不能控制或削减的"废物"和消费者使用后的包装物、旧物品等，应考虑通过原级资源化与次级资源化相结合的方式回收利用，充分发挥其使用价值。最后，当前两种方式在许可条件下不能实现时，再进行环境无害化处理、处置。很显然，通过强化废物的再使用和再循环利用，提高了废物减量化的水平；通过对资源的再使用和再循环利用水平的提高，也有效地促进了废物减量化的实现。循环经济的"3R"化使资源以最低的投入，达到最高效率的使用和最大限度的循环利用，实现污染物排放的最小化，使经济活动与自然生态系统的物质循环规律相吻合，从而实现人类活动的生态化转向。

（三）循环经济的基本特征

传统经济是"资源—产品—废弃物"的单向直线过程，创造的财富越多，消耗的资源和产生的废弃物就越多，对环境资源的负面影响也就越大。循环经济则以尽可能少的资源消耗和环境成本，获得尽可能大的经济和社会效益，从而实现经济系统与自然生态系统的物质循环过程的和谐，促进资源永续利用。因此，循环经济是对"大量生产、大量消费、大量废弃"的传统经济模式的根本性变革，是一种科学的发展观，一种全新的经济发展模式，具有自身的独立特征。其特征主要体现在以下几个方面。

1. 新的系统观

循环是指在一定系统内的运动过程，循环经济的系统是由人、自然资源和科学技术等要素构成的大系统。循环经济观要求人在考虑生产和消费时不再置身于这一大系统之外，而是将自己作为这个大系统的一部分来研究符合客观规律的经济原则，将"退田还湖""退耕还林""退牧还草"等生态系统建设作为维持大系统可持续发展的基础性工作来抓。

2. 新的经济观

在传统工业经济各要素中，资本在循环，劳动力在循环，而唯独自然资源没有形成循环。循环经济观要求运用生态学规律，而不是仅仅沿用19世纪以来机械工程学的规律来指导经济活动。不仅要考虑工程承载能力，还要考虑生态承载能力。在生态系统中，经济活动超过资源承载能力的循环是恶性循环，会造成生态系统退化；只有在资源承载能力之内的良性循环，才能使生态系统平衡地发展。

3. 新的价值观

循环经济观在考虑自然时，不再像传统工业经济那样将其作为"取料场"和"垃圾场"，也不仅仅视其为可利用的资源，而是将其作为人类赖以生存的基础，是需要维持良性循环的生态系统；在考虑科学技术时，不仅考虑其对自然的开发能力，而且要充分考虑到它对生态系统的修复能力，使之成为有益于环境的技术；在考虑人自身的发展时，不仅要考虑人对自然的征服能力，更要重视人与自然和谐相处的能力，促进人的全面发展。

4. 新的生产观

传统工业经济的生产观念是最大限度地开发利用自然资源，最大限度地创造社会财富，最大限度地获取利润；而循环经济的生产观念是要充分考虑自然生态系统的承载能力，尽可能地节约自然资源，不断提高自然资源的利用效率，循环使用资源，创造良性的社会财富。在生产过程中，循环经济观要求遵循"3R"原则，同时还要尽可能地利用可循环再生的资源替代不可再生资源，如利用太阳能、风能和农家肥等，使生产合理地依托在自然生态循环之上，尽可能地利用高科技，以知识投入来替代物质投入，以达到经济、社会与生态的和谐统一，使人类在良好的环境中生产生活，真正全面提高人民生活质量。

5. 新的消费观

循环经济观要求走出传统工业经济"拼命生产，拼命消费"的误区，提倡物质的适度消费，层次消费，在消费的同时就考虑到废弃物的资源化，建立循环生产和消费的理念。同时，循环经济观要求通过税收和行政等手段，限制以不可再生资源为原料的一次性产品的生产与消费，如宾馆的一次性用品、餐馆的一次性餐具和豪华包装等。

6. 循环经济的本质是技术范式的革命

从技术经济学角度看，循环经济实际上是一种技术范式的革命。按照著名经济学家乔瓦尼·多西的定义，技术范式是指解决所选择的技术经济问题的一种模式。这是基于微观技术的定义。在宏观上，技术范式可定义为社会生产主导技术体系的基本特征和程序模式。循环经济的技术主体要求在传统工业经济的线性技术范式基础上增加反馈机制。在微观层次上，要求企业纵向延长生产链条，从生产产品延伸到废旧产品回收处理和再生；横向拓宽技术体系，将生产过程中产生的废弃物进行回收利用和无害化处理。在宏观层次上，要求整个社会技术体系实现网络化，使资源实现跨产业循环利用，综合对废弃物进行产业无害化处理。循环经济的技术体系以提高资源利用效率为基础，作为科学技术发展方向的高技术发展则在关注经济增长的同时以资源的再生、循环利用和无害化处理为手段，以保护生态环境为目标，推进经济社会可持续发展。这实质上是一种技术范式革命。

7. 循环经济是我国新型工业化的最高形式

新型工业化要求用新的思路去调整旧的产业结构，要求用新的体制激励企业和社会追求可持续发展的新模式。循环经济作为一种新的技术范式，一种新的生产力发展方式，为新型工业化开辟出了新的道路。按照传统的"单程式"技术范式，以信息化带动工业化，发展高新技术产业，用高新技术改造传统制造业，全面提高资源的技术利用效率，当然也都是新型工业化的重要内涵，但不是新型工业化的全部。循环经济要求在上述基础上，通过制度创新进行技术范式的革命，是新型工业化的最高形式。

（四）循环经济的层次体系

循环经济主要研究经济体与其环境之间的相互作用。基于生态学原理，将该研究划分为企业个体、企业群体、企业间、产业群落、循环经济系统五个层次。

1. 企业个体层面（对应个体生态学）

该层面是循环经济学研究的基础，也是减量原则、再利用原则的应用范围，对企业与环境之间的关系进行研究，对企业的产品、副产品、废弃物进行综合研究，主要依靠对现代生产技术和环保技术的开发和应用。

2. 企业群体层面（对应种群生态学）

当同类企业聚集成种群时，其对环境的影响不是简单的叠加，而是具有乘数效应的。所以研究企业集群对环境的影响有着相当重要的意义。这方面的研究主要应用生态学和经济学原理，是循环经济研究必须自行建立的学科交叉地带。

3. 企业间层面（对应种间生态学）

主要研究生产者（或消费者）与分解者之间的关系，以及废弃物如何进行资源化利用，通过技术手段降低资源化成本，或通过产业组装形成产业间的协同效应。这是循环经济学的理论基础所在，主要依靠技术学科和生态学，也需要经济学理论的支撑。

4. 产业群落层面（对应群落生态学）

通过合理的规划和整合，将不同的产业间关系加以协调组装，与当地的自然和社会基础条件结合起来，形成合理的循环经济产业园区规划，在产业间形成激发效应，发掘产业群落所产生的内生资源，建立起良性循环系统。这方面的研究主要是以生态学思路为主，以"整体、协调、循环、再生"的思想建立研究体系。

5. 循环经济系统层面（对应生态系统生态学）

为建立更高层次的循环经济系统，形成对人类社会整体产生全面积极影响的社会生产环境，必须从经济学理论中寻找最根本的基础，为循环经济系统建立稳固的基础环境，这就是公共经济学的外部性原理。通过国家及全球层面对人文环境、法律环境和社会公共基础设施的建立和完善，让所有人都能够自发地形成循环经济思想，使循环经济系统产生最强劲的内生动力，完全取代从自然界输入物质的经济运行方式。

二、循环经济管理模式的构建要点

(一) 健全法律法规及其监督体系

构建循环经济管理模式，首先，需要健全有关循环经济法律、法规体系。为国家发展和推动循环经济提供完善的法律法规体系，从而达到依法依规提高资源利用价值的目的。在立法方面，可以通过完善的体系建设，将与循环经济发展相关的内容，在基本法、综合法、专项法三个层面进行完善，需要制定关于循环经济发展的基本促进法，提高经济良性循环的综合性立法以及与国情及行业特征相符的单项立法。其次，建立发展循环经济监督管理体系，对循环经济的发展情况进行全范围的系统化监督，促使循环经济在发展中不断改进，持续提升。环保部门可以通过开展环境管理体系认证，引导企业树立经济与资源、环境协调发展的观念，相关部门也应在自然资源集约利用、节电、节水、节能等方面做好监督管理。

(二) 注重技术创新，转变发展模式

实现循环经济的基础是技术创新，必须通过技术创新、设备革新，保证循环经济持续性发展。在全球化的背景下，中国工业的发展与其他国家进行的联系日益紧密，需要加强绿色产能国际合作，让新技术发展成果更好地惠及绿色经济的发展，必须实现绿色制造，从而提升生产方式和产品的绿色化改造。

从国际角度看，世界各国也越来越清醒认识到资源的有限性，将绿色经济作为本国经济发展的中心，并且在法律、政策、战略规划等方面不断完善。就我国而言，技术创新与其他先进国家相比，有比较大的差距，而发展循环经济，就必须做到绿色制造强国，必须利用两种资源，两个市场，抓住全球绿色发展先机，增强绿色竞争的新优势，抢占全球竞争的制高点。这就要求尽快转变高投入、高消耗的模式，使得生产和消费过程中能源消耗、资源使用率、污染物净化与排放等方面通过技术创新，实现环境友好型、资源

节约型发展。

(三) 倡导全民参与，重视生产与消费转型

发展循环经济就是要提高对资源的利用率，重视环境保护。在这方面，针对生产领域，需要一种最大限度地利用资源和保护环境的经济发展模式。在生产领域要遵循生态规律和经济规律，科学调整经济结构，优化产业发展模式。一方面，对资源枯竭型城市进行生产转型，结合当地资源发展绿色产业。另一方面，延长生产结构链，减少生产过程中污染物的产生数量，努力提高资源、能源产出效率，降低经济增长的环境负荷，提高经济增长质量；严格产业的环境准入条件，大力推行清洁生产。在消费领域，倡导环境友好的可持续消费模式，以可持续消费引导和促进绿色生产，形成绿色生产与绿色消费相互融合、协调共生、良性循环的社会循环体系。政府部门要起到表率作用，实行绿色采购。

总而言之，构建循环经济管理模式，需要从资源消耗、环境污染型经济向以循环经济和低碳经济为特征的经济类型转变，需要以人为本，改善人与自然的关系，改善人与人的关系，需要在民生和科技的推进中，转变经济发展模式，解决中国经济高速增长与资源短缺、环境日益恶化之间的矛盾，通过科学发展观的落实，寻找到新的经济增长点，才能真真实实地提高人们的生活水平和幸福指数。

第二节　知识经济管理及其发展方向

20世纪80年代技术革命和冷战后，经济和科技迅速发展。当今社会，人们对知识经济有着不同的看法，在新经济时代背景下，知识经济管理对人类文明的发展体现出一定的价值和影响力。随着当今科技的发展，知识经济的管理也逐渐向信息化发展，形成了以网络为桥梁的知识经济管理模式。与传统的管理模式相比，新时代下的经济管理效率更高，发展更快。因此，新时代的到来，也意味着知识经济管理即将迈上新的台阶，即将达到新的高度。

一、知识经济管理概述

(一) 知识经济管理的定义

19 世纪之后逐渐形成了知识经济时代，随着时间的推移，各个时代的要求也不尽相同，进入到知识经济时代之后，知识经济管理成为企业关注的重点。在实际应用过程中，知识经济管理主要有三个阶段，也就是知识创造、知识发现以及知识传递这三个阶段。在正式进入现代化社会之后，信息技术、智能技术以及自动化技术得到了广泛应用，在此基础上，不断加快了信息更新以及传播的速度，让人们可以突破时间和地区的限制获取知识。为此，作为企业，在其运营、管理以及发展的过程中，需要对知识经济管理进行深入了解，主要在于其对企业发展的重要意义，将其作为今后企业发展的主要竞争力，通过知识经济管理优势做好一系列经济活动，只有如此才能够保证企业在当前这个知识经济时代获取更大的经济效益。除此之外，目前知识处于不断更新的时期，需要对企业内部职工的知识结构进行完善，如此才能够使职工积极应用新技术以及工艺设备，顺利开展生产活动，为企业创造更高的经济效益。要实现该目的，必须有完善的知识经济管理体系，使职工认识到自身知识结构的重要性，针对员工展开针对性的培养，全面提升职工综合素质。

(二) 知识经济管理的特点与优势

新经济时代的发展是以知识为基础的新经济模式。然而，新时代下知识经济发展的特点受知识的影响，具备着知识本身所具有的特性，并与其他的经济模式有所不同。知识本身是具有创造性的，丰富的，多变的，因此，知识经济的发展也呈现多样性。新时代下的知识经济管理突破了传统的经济管理模式，充分体现了知识经济的创新能力。另外，在新经济时代下，知识经济管理能够更好地适应外部环境的变化，进而使得知识经济持续性变化，从而知识经济展现出持续性这一特点。

在新经济时代背景下，知识经济的管理本身具有创造力，可以提高人的基本实践技能，培养人的创新能力，掌握发展经济的核心能力，有利于经济的快速发展。此外，良好的知识经济管理对企业和公司都有着积极的影响，可以使企业的投资更加准确。知识经济分析是科学的，为企业分析投资方向，促进企业良好发展。新时期的经济会受到传统经济环境的影响，影响是积极或者消极的。因此，在新知识经济背景下，国家和企业需要加强对各项工作的分析，才能迎接并适应新经济时代的到来，防止新经济时代带来更大的负面影响。

二、知识经济管理面临的问题

首先，在新经济时代的发展中，知识经济的管理仍然存在其消极的部分。外部环境的变化延续了以往的趋势，含有传统经济下的部分内容，并仍在进一步变化的过程中。以往的经济发展模式会带来很多的好或坏的影响，过分关注其消极的影响必然会影响到我国知识经济的进一步发展。当我国知识经济的发展表现出相对强劲趋势时，生产单位的界限开始发生一定的变化。加之，经济发展的全球化，使得人们更容易混淆生产者之间的联系，进而在新时代知识经济管理中引发一些争议。

其次，知识经济管理需要平衡，过于消极会影响经济管理，盲目乐观的态度会使经济管理受挫。在强大的社会资源和经济资源的支持下，部分企业甚至团队依靠自己的势力和社会地位，盲目地加入知识经济宏观管理体系的建设中。这样一来，既完全违背了新经济时代背景下知识经济管理的初心，也可能对知识经济管理的现状形成错误认识，影响企业的发展，也影响知识经济的管理。

最后，在当今时代，对知识本身的衡量，还没有人能完全解释知识是观念、创造力或信息。一些学者对人脑的研究发现，知识的活动是自然的，不可能有效地量化创造和思想。因此，知识已经成为服务的源泉，而不是服务本身，这就导致了知识测量的分歧。知识的不确定性和知识经济管理中的分歧，导致知识经济管理在新时代的发展中极大可能地出现一系列问题，最终束缚知识经济管理的良好发展。

三、知识经济管理的发展方向

(一) 更注重创新价值和个人价值的培养

在新经济时代下，创造价值是新经济时代最重要的特征，知识经济管理将进一步加强创新能力和重要能力的培养。知识经济管理将注重实施价值创造，其中包括创新价值和个人价值的综合。知识经济的管理以能力为主要竞争手段，充分体现组织的价值，根据相应的结果来确定个人的价值。在这种趋势下，个人需要结合自己的能力来创造尽可能多的价值，最终每个人的努力会融合形成一个巨大的企业价值。大多数人认为，能力的来源是指某一特定人力资源的激励特征，但事实上，这种资源或能力的价值是无法衡量的。

因此，对于那些更加注重能力的企业，他们会将一定的固定资产进行转换，以支持这些能力和资源的发展。管理者将会实施创新的管理决策，知识经济管理的发展趋势是在传统管理模式的基础上，建立起员工与领导者之间的双边管理模式。另外，在管理过程中不仅要颁布政策，重要的是要落实，只有付诸行动的能力才能引导价值的创新。

(二) 知识经济的人才流动变大

目前，知识经济管理的方式多种多样，个人知识经济管理的认识不到位不一致。由于管理角色的不同，知识经济管理具有不同的作用和功能，这也使得知识管理更加复杂。知识是知识经济中最重要的东西，负责知识的收集、应用和运用的人必将在新时期崛起。当今社会，知识型人才的培养越来越受到重视。不同的国家对人才的需求是多样的，巨大的。此外，随着经济全球化的发展，世界经济相互融合，人才流动变得无国界。在知识经济时代，人才自然会流向重视知识管理的企业和国家。

因此，知识型人才的培养是至关重要的，企业应更进一步重视，对知识经济管理相关人员加强培训。受外部环境的影响，经济发展过程中，企业会面临形形色色的问题。在这种情况下，知识型管理人才的出现会为企业的经济管理问题带来极大的帮助。企业应加强对知识管理人才的资金投入，引进人才并减少企业内知识型人才的流失，进一步促进知识经济持续的良好发展。

（三）人才资源管理的转型

在知识经济管理中，人力资源管理一直是企业和国家讨论的主要问题。在新的经济管理时代，传统的人才资源管理方式已不能满足新知识经济的发展。从而，人才资源管理必将发生转型，企业要根据不同员工的特点和文化差异，制订新的管理方案，更好地辅助我国知识经济发展。在知识经济时代，人力资源管理所承担的任务很多，但最首要考虑的就是对人力资源的规划和对知识型员工的管理。国家对知识型员工的管理需要与相关企业配合，加强企业对知识型人才的重视。在新时期知识经济的发展中，国际人力资源管理比国内人力资源管理更为强大。国内的人力资源管理方式需要进一步规划并实施，受不同文化的影响，人才资源的管理体现了一定的经济价值和创新价值。良好的人力资源管理可以最大限度地提高对民族文化的认同，促进知识经济的进一步发展。

新时代下的知识经济发展受到社会的关注和国家的重视，其发展过程也正在一步步突破传统经济，实现经济发展的新高度。知识经济的发展，让人们充分认识到知识型人才的重要性，从而更加认真对待知识的学习与思考。尽管新知识经济的发展仍是未知的，但相信在不久的将来，科学技术的不断发展，即将促进新知识经济管理的进一步发展。其企业管理方式也会紧跟新时代的发展步伐，不断地做出调整和优化更新。相信一个企业和一个国家的知识经济管理能够像科学技术一样成为未来人类进步的重要动力。在新的时代，知识经济的管理要与时俱进，彰显其威力。

（四）培养创造性价值

自从进入信息时代之后，要想使管理方法体现有效性，必须从创造性方面着手，尤其是在市场核心竞争力的驱动下，尽管个人价值非常关键，但是团队力量更需要重视，只有如此才能够提升创造性价值。立足于新经济时代，知识经济管理发展速度逐渐提升，一方面要实现个体发展，充分发挥出其优势，另一方面则要大力推动经济发展，实现企业价值的最大化。众所周知，企业中诸多个体之间相互促进，如此便会激发更大的创造性思维，提高企业的市场竞争力。除此之外，经济发展期间，不同个体所发挥的作用也不尽相同，因此在一段时期以内，不管是企业内部，还是企业外部，都要对能力的提高加以重视。由此可见，企业内部分固定资产的转化对于能力提升以及资源长久发展十分有利。确定企业中个人产量，将其作为标准，进行协调发展，并且制订发展规划，实现增值价值的最大化，培养创造性价值，使企业内部所有知识经济管理都能够得到发展，最大限度地避免负面影响，使用有效的发展模式，将知识经济管理优势发挥出来，推动企业的发展。

第三节　数字经济与实体经济融合发展

实体经济是强国之基，富国之本，数字经济是创新之泉，新鲜血脉，数字经济通过数据要素的渗透，数字技术的应用，数字平台的普及对实体经济起到了推动、提振的作用，有利于促进实体企业提质增效，转型升级，而实体经济的存在能让数字经济发挥出其应有的作用。数字经济与实体经济深度融合有利于双方的优化升级，培育发展新动能，激发内在潜能，占领全球价值链高地，促进经济高质量发展。

一、数字经济的内涵与特征

(一) 数字经济的内涵

自人类社会进入信息时代以来，数字技术的快速发展和广泛应用衍生出数字经济（Digital Economy）。与农耕时代的农业经济，以及工业时代的工业经济大有不同，数字经济是一种新的经济，新的动能，新的业态，其引发了社会和经济的整体性深刻变革。

现阶段，数字化的技术、商品与服务不仅在向传统产业进行多方向、多层面与多链条的加速渗透，即产业数字化；而且在推动诸如互联网数据中心（Internet Data Center，IDC）建设与服务等数字产业链和产业集群的不断发展壮大，即数字产业化。中国重点推进建设的 5G 网络、数据中心、工业互联网等新型基础设施，本质上就是围绕科技新产业的数字经济基础设施，数字经济已成为驱动中国经济实现又好又快增长的新引擎，数字经济所催生出的各种新业态，也将成为中国经济新的重要增长点。

数字经济通过不断升级的网络基础设施与智能机等信息工具，互联网—云计算—区块链—物联网等信息技术，人类处理大数据的数量、质量和速度的能力不断增强，推动人类经济形态由工业经济向信息经济—知识经济—智慧经济形态转化，极大地降低社会交易成本，提高资源优化配置效率，提高产品、企业、产业附加值，推动社会生产力快速发展，同时为落后国家后来居上实现超越性发展提供了技术基础。数字经济也称智能经济，是工业4.0或后工业经济的本质特征，是信息经济—知识经济—智慧经济的核心要素。正是得益于数字经济提供的历史机遇，使我国得以在许多领域实现超越性发展。数字经济是继农业经济、工业经济之后的主要经济形态，是以数据资源为关键要素，以现代信息网络为主要载体，以信息通信技术融合应用、全要素数字化转型为重要推动力，促进公平与效率更加统一的新经济形态。数字经济发展速度快，辐射范围广，影响程度深，正推动生产方式、生活方式和治理方式深刻变革，成为重组全球要素资源、重塑全球经济结构、改变全球竞争格局的关键力量。

数字经济是信息经济的另一种称谓，旨在突出支撑信息经济的信息技术二进制的数字特征，是一种互联网经济。正如美国复合技术联盟主席D.塔帕斯科特1995年出版的《数字经济——联网智力时代的承诺和风险》一书所说明的那样，信息技术的数字革命，使数字经济成了基于人类智力联网的新经济。1998年4月15日，美国商务部公布了以《浮现中的数字经济》命名的第一份研究报告，着重分析信息这一核心资源对宏观经济和微观经济的决定性作用。嗣后，这样的研究报告又按年连续出了多本。这些报告均以分析信息产业、电子商务、网络经济等有关信息经济的发展为内容。数字经济的概念被越来越多的人士所接受。数字经济的发展是同信息技术尤其是互联网技术的广泛应用分不开的，也是同传统经济的逐步数字化、网络化、智能化发展分不开的。

(二) 数字经济的特征表现

1. 互联互通范围广泛

随着互联网、移动互联网以及物联网的快速发展并不断渗透到社会各个领域，越来越多的不同资源（人、财、物等及其他无形资源）等被纳入信息网络之中。物资流、资金流、信息流、商流、人流等在社会经济运行的各个领域层面形成网状结构，相互之间互联互通的依存度增强，传统单向、封闭的经济状态和社会结构向跨界、融合、开放、共享的互联互通状态发展，推动着智能制造、智慧服务、智慧生活、智慧城市、智慧社区等智能化生产生活方式加速到来。特别是随着 5G、人工智能（AI）、区块链等技术和设施的进一步发展和普及，社会经济运行的互联互通局面和运行水平将有进一步的提升，真正实现"万物互联"指日可待。

2. 人工智能的普及和应用广泛而普遍

人工智能对当今社会以及未来的影响，不亚于 20 世纪 70 年代的计算机，20 世纪 90 年代的互联网。人工智能正引发链式突破，推动生产和消费从工业化向自动化、智能化、智慧化转变，生产效率再次实现质的飞跃，推动工业经济社会重新洗牌。网络、信息、数据、知识开始成为经济发展的主要因素，深刻改变了传统经济结构中的生产要素结构。与传统经济相比，知识、数据等价值创造持续增加，经济形态呈现新的智能、知识型特征。当前，零售、金融、交通、工业、医疗、无人驾驶等成为人工智能主要应用领域。例如，在金融领域，人工智能已应用于财务机器人、智能投顾、智能客服、安防监控，等等。交通领域，人工智能正成为优化交通和改善出行的重要技术。医疗领域，人工智能已应用于网络智能接诊、病例筛查、检验诊断、智能医疗设备、智慧养老，等等。工业制造领域，智能机器人、智能制造、装配和仓储系统的应用日趋广泛，如德国提出的"工业 4.0"战略，要求全面布局人工智能。

3. 数据作为新的生产要素，是基础性资源和战略性资源，也是重要的生产力

从经济的全球化特征来看，经历以国际贸易驱动为特征的"1.0 版本"，再到以国际金融驱动为特征的"2.0 版本"，全球化正步入以数据要素为主要驱动力的"3.0 版本"，数据作为新生产要素的重要作用日益凸显，数据的开放、共享和应用能够优化传统要素配置效率和效果，提高资源、资本、人才等全要素的配置和利用水平。另外，随着国际社会逐渐把数字经济作为开辟经济增长的新源泉，人类财富的形态随之发生了改变。虚拟货币（如比特币、

数字货币等)、虚拟物品登上历史舞台,虚拟财富与货币兑换的路径被打通,财富数量开始与占据或支配信息、知识和智力的数量和能力相关联。根据中国信息化百人会数字经济报告,全球数字经济正在以超预期的增长速度加快发展,呈现不断扩张的态势。

二、促进数字经济与实体经济深度融合的基本逻辑

在社会经济活动中,数字技术渗透到生产、分配、交换、消费各个环节,平台逐渐成为数字经济时代最典型的商业模式。在数字经济与实体经济深度融合的过程中,一方面,数字经济以数字产业化和产业数字化为主要方式,为实体经济提供了新型基础设施和软件服务,提高了资源配置效率和技术创新水平,为实体经济注入了新动能,催生了新产业;另一方面,实体经济的高速发展隐含了对数字基础设施的巨大需求,并且为数字经济发展提供了强大的数据支撑,有利于促进数字经济的进一步应用和创新。二者相辅相成,相互支撑,数字经济与实体经济深度融合为双方提供了新的发展动力,同时也为经济高质量发展提供了坚实支撑和实现路径。

(一)数字经济为实体经济提供新产业、新效率、新平台

随着中国经济发展进入新的阶段,数据成为关键的生产要素,影响着传统的生产要素配置方式。新一代信息技术渗透到实体经济的各个环节。一方面通过信息化带动工业化,传统产业进行数字技术与业务的整合,实现数字化转型;另一方面工业化同样促进信息化,推动数字产业化发展,有利于现代产业体系的构建和完善。由企业创新、平台生态创新、产业协同创新等构成的数字化创新引领生产方式发生了数字化转型,推动现代产业体系结构适应性变革。同时,信息化与工业化的融合能够提高经济增长的效率,并且兼顾经济增长的公平性,其在效率和公平上并非完全相悖,对二元经济结构能起到优化作用。数字经济的发展为中国实体经济"大而不强"的困境提供了解决方案,数字经济与实体经济深度融合能够在提高实体经济供给质量的同时兼顾实体经济发展的均衡性,驱动实体经济实现健康、优质的结构优化和升级。

1. 数字产业化

在数字经济快速发展的进程中，新一代数字技术不断涌现，如大数据、云计算、AR、VR 等，数据逐渐成为关键生产要素。部分特定行业以新一代信息技术为核心，与数字技术直接相关，如软件和信息技术服务业、计算机通信和其他电子设备制造业、互联网和相关服务等。数字经济核心产业对应着数字经济的"数字产业化"，在数字经济的发展中起到奠基石的作用，主要是提供数字技术、产品和服务，为传统产业数字化转型提供技术支持，从而推动产业数字化发展。

首先，此类新型的产业形式和经济活动是实体经济的一部分，使得实体经济的内容在原有的物质产品部门和部分生产性服务部门的基础上得以增加，丰富了实体经济的外延和内涵。

其次，数字产业化发展加速了新型基础设施建设和软件服务升级，数字经济的核心产业为实体经济提供了硬件和软件保障。例如，5G、光纤网络的布局和普及为信息通信提供了硬件支撑，结合软件服务保证了通信的即时性和稳定性，弱化了物理空间的束缚，减少了运输损耗，避免了因硬件设施不到位而产生的各类成本。

最后，根据梅特卡夫定律，当数字产业化不断发展时，得益于网络的强外部性、正反馈性，企业的边际生产成本不断降低，各部门间的经济活动边界逐渐模糊，各类生产要素得以畅通流动，推动企业实现数字化转型，提高企业全要素生产率，推动实体经济健康、良性发展。

2. 产业数字化

除了数字经济核心产业包括的四类，国家统计局还界定了第五类——数字化效率提升业，其内容对应着产业数字化。数字技术和数据要素应用于传统产业的生产经营，提高了生产效率，加大了产出比例，是数字技术与实体经济融合的体现。数字技术具有渗透性，在生产部门对于数字技术产品的应用和累积中逐渐发生，并通过对数字技术产品的替代和与传统生产要素的融合参与价值创造，实现与实体经济的融合。同时，数字技术与传统的生产方式、管理技术互补，能够通过整合重构要素资源有效推动生产部门结构优化，直接提高企业的生产效率。数字技术与生产部门的继承整合能够推进企业数字化转型，赋能实体经济转型发展。

首先，各类数字技术产品在发展中遵循着"摩尔定律""吉尔德定律"等特定规律，在快速的更新迭代中长期保持价格下降的态势，同时由于其使用的便捷性、高效性、稳定性和可靠性，数字技术产品对非数字技术产品不断发生替代。在传统制造业生产中，性能佳、效率高的机械车床被广泛使用，传统的人工打铁、手工钻床的应用范围迅速缩小，非数字技术产品被替代，各类制造业企业在实现产品转型升级的同时也使生产效率得到提高。

其次，数据要素成为关键生产要素，与传统生产要素（如劳动力、资本、信息等）协同发展，"新技术"与"旧资源"不断融合，提高了各生产要素的配置效率、使用效率、生产效率。其一，数字技术与劳动力的融合能够提高劳动生产率和劳动力要素配置效率。传统产业应用数字技术进行生产能够简化流程，强化分工，提高劳动生产率。基于云计算、互联网等技术，远程、居家办公等工作形式逐渐普及，劳动力不再受地域和时间的限制，生产效率、配置效率大大提高。此外，数字技术和数据要素的应用形成了新的生产及分工协作模式，创造了新的岗位和就业模式，丰富了劳动者的就业选择，改善了劳动力要素配置方式。其二，数字技术与金融部门的融合变革了传统金融模式，引导资金更加合理、高效地流入实体经济领域。一方面，数字技术在金融部门的应用扩大了受众覆盖面，提高了资本的配置效率，缓解了信息不对称情况，降低了融资成本；另一方面，数字产业与金融产业融合，使得社会储蓄能更高效地转化为生产性投资。其三，互联网和物联网的普及和发展提高了信息要素的生产效率。互联网和物联网的融合发展拓宽了信息的获取渠道，使资源配置突破了物理空间的限制，信息实现了快速扩散。信息的快速扩散使得消费者和企业之间的信息不对称情况得到了缓解，消费者能够参与决策，厂商能够了解客户的真实需求以降低搜寻成本，供需双方的匹配程度得到了提升，实体经济的发展空间得到了极大拓展。

3. 数字平台化

平台模式作为数字经济中最具代表性、象征性的新型商业模式，发展势头迅猛。由于数字产品可以实现低成本甚至零成本的复制，拥有趋近于零的边际成本，通常具有非竞争性，并且具有规模报酬递增的效应，为数字平台的构建、发展和壮大提供了优越的基础条件。中国数字平台企业依托巨大的市场规模优势，成长速度和规模惊人，创新能力不断提升，并且通过推动产业融合和业态颠覆，日渐成为加速新旧动能转换、加快新动能成长的重要载体。新发展阶段下，逐渐壮大的平台经济为实体经济的发展提供了发展空间和助力，是加速数字经济与实体经济深度融合的重要引擎。

平台经济对实体经济的影响力日益凸显。借助信息流和数据流的时空跨越性，全球的生产和销售环节得以连接，实体企业所采用的商品流通方式发生了变化。不同于线下交易的场所以及传统集装运输等配送方式，数字平台为商品的生产者和消费者提供了进行线上交易的场所，通过现代物流和仓储系统实现了产品配送。一方面，商品流通的专业化程度提高，由分工带来的积极效应得以发挥，实体企业所生产产品的配送效率提升，有利于推动产业结构向高附加值领域转型升级；另一方面，数字平台使商品的交易和流通可以跨越时空，减少物理空间带来的摩擦和阻力，促进实体产品配送交换网络多元化、复杂化，扩大商品流通范围。

对于实体企业而言，数字平台一方面能够通过降低国际贸易的固定成本来丰富企业出口产品的种类，另一方面能够通过降低国际贸易的可变成本来提高企业出口的每一种产品的平均价值量，所以数字平台能够通过推动企业出口产品的价格降低、数量增加来促进国际贸易增长。并且，数字平台的普及增加了外贸企业的数量（市场参与主体增加，竞争强度随之提高），激发了市场竞争和创新的活力。

另外，在数字平台不断兴起的背景下，劳动空间扩大，劳动实现网络化协作，就业新模式不断涌现，如共享经济、零工经济等，催生了众多就业岗位，同时，劳资关系和劳动组织形式发生了变化。劳动关系不再是传统的雇佣关系，小生产者与平台的商业合作模式逐渐普及。劳资关系的改变、众包零工形式的出现，使劳动者拥有了更多的就业选择和更高的工作灵活度，劳动力市场竞争强度提高。这一方面使实体企业获得了更多可供选择的劳动力；另一方面对实体企业内部组织模式和架构产生了影响，要求实体企业不断优化创新。

（二）实体经济为数字经济提供新需求、新场景、新支撑

实体经济的发展始终是中国发展任务中的重中之重，政府给予了高度重视。如今的中国已然成为全球范围内的实体经济大国，在改革开放的四十

多年里创造并积累了巨大的实体经济财富，从"站起来"到"富起来"再到"强起来"，生产供给能力得到了明显提升。实体经济的发展能扩大对新型基础设施的需求，推动数字产业化发展，为数字经济提供应用场景和数据要素，提高数据的配置效率，增强产业数字化的协同效应。

第一，高新技术产业、转型升级后的制造业等一系列新兴产业的发展高度依赖信息和数据要素，高度要求硬件和软件的适配性，对于新型基础设施和配套软件服务的需求大，要求高，刺激数字产业化规模的扩大。同时，传统实体经济要在竞争中获取优势：一方面需要提高自身产品的质量和生产效率，提供更高效的服务和更多元的产品；另一方面需要实现转型升级，企业在总体规划、战略制定、业务决策时需要将自身资源与新技术相结合，高效运用新型数字基础设施和配套软件服务。

第二，实体经济包含丰富多样的应用场景，能够提供现实的、准确的、具体的数据资源，同时具有即时、海量等特点。利用大数据、云计算等技术手段，数据被采集、储存、加工、分析后，数据要素的使用效率得到提高。数据资源背后的含义丰富且深刻，解读性强，往往包含了企业的经营模式、业务选择、营收状况等。借助数字平台的大规模扩散，数据要素能够实现价值释放，数字技术与企业业务的整合也能够最大限度地发挥数据要素的创新引擎作用。一方面，数据资源在传统产业部门的扩散有利于其学习借鉴转型升级的方法和路径，从而推动其自身的转型升级；另一方面，数据要素使用效率、配置效率的提高有利于新型产业部门分析自身业绩，优化发展模式。同时，实现转型升级的产业部门具有新业务模式、新组织架构下的新数据，能够不断推动数据资源更新，从而进一步推动产业数字化发展。

第三，实体经济凭借着深厚的工业技术基础，为数字基础设施建设和完善提供了坚实支撑，而只有数字基础设施得到完善，数字平台才能得到高效普及和应用。深入布局 5G 和光纤网络、减少工业互联网与现实的连接阻碍、推进北斗规模化应用等，都是完善数字基础设施建设的必要内容，这些只有在实体经济发展壮大的基础上才能得以实现。另外，数字经济发展历程短暂，而实体经济发展历史久远，在治理经验和监管方式上，实体经济能为数字经济发展提供一定的参考样本和借鉴经验。

三、促进数字经济与实体经济深度融合的中国策略

(一) 发挥新型举国体制制度优势，全力推动关键技术攻关

数字产业化发展是数字经济与实体经济深度融合的技术基础。近年来，全球数字产业化发展势头迅猛，新一代数字技术如云计算、VR 等不断涌现，但是中国数字经济的核心产业发展仍然处于滞后状态，数字核心技术储备不足，部分核心技术和关键技术依然依赖于发达经济体，自主研发能力不足，如目前在工业领域存在"四基"短板、产业链上游原创理论匮乏等问题。而数字经济核心产业的发展能够助推关键技术和核心技术实现突破，从而缓解一直以来受制于人的"卡脖子"技术难题，推动产业向全球价值链高端迈进，形成独立原创的重大理论成果，为数字经济与实体经济深度融合保驾护航。

首先，要加大对数字经济核心产业的研发投入力度，为数字经济与实体经济深度融合打下坚实的技术基础。智能制造是以工业互联网为基础，以新一代信息技术为核心的引导产业变革的核心技术，发展智能制造同时也是"中国制造2025"的目标之一。这要求中国加大重大基础研究的实施力度，重点研究人工智能、大数据、芯片制造、集成电路等领域，在对标发达国家关键技术研发水平的同时致力于实现特定关键技术的国产化样本，形成重大原创成果。

其次，对于实体产业而言，要继续保持并优化改进"专精特新"深耕细作式经营模式，借助数字技术，关注前沿性、战略性理论和技术，加强关键核心技术攻关，提高专业化程度，发挥自身优势，补齐产业链短板，并延伸优化产业链、供应链。同时深化实体产业与数字产业的协同合作，基于实体产业丰富的应用场景和数字产业研发的新型数字技术，二者交互影响，加速数字技术产品的更新迭代，深化数字技术在实体经济中的应用。

(二) 加快推进传统产业数字化转型，延伸数字化产业链

传统产业的数字化转型是各国积极探索的产业转型方向。数字技术在业务中的集成整合能够提高资源和要素的使用效率、配置效率和生产效率。

数据要素的有效价值释放能够提高传统产业的竞争力。数字平台的普及有助于产业间实现协同合作与创新。传统产业数字化转型是推动数字经济与实体经济深度融合的有效方式之一。同时，在数字经济与实体经济深度融合的进程中，依托新一代数字技术和信息技术的新产业得以孕育，数字化产业链得到延伸，产业链上下游企业同样会获得数字化转型的红利，一定程度上打通了部分传统企业数字化转型过程中的堵点，有利于持续推进数字化转型。

但是，目前中国的传统产业数字化转型存在现实困境：一方面，大部分企业仍然存在认知障碍，除部分行业龙头企业实现数字化转型外，更多的中小企业存在转型障碍，对数字经济与实体经济融合的发展目标、工作内容等存在不同程度的疑虑和担忧，企业创新性投资的回报率不足以激励企业参与到数字化转型进程中；另一方面，借助市场规模优势，不少"独角兽"企业涌现，但它们缺乏落地的能力，企业基础更多依赖于资本支撑，与实体经济的关联不紧密，不足以发挥企业数字化转型的榜样作用。此外，国际形势复杂，现阶段中国面临着"高端挤压"和"低端挤压"的挑战与制约，发达国家在全球价值链高端环节的垄断地位对中国发展先进制造业形成了巨大压力；同时，新兴经济体凭借低成本的优势积极承接国际产业转移，对中国实体经济的发展、传统制造业的转型升级造成了双重压力。

加快推进传统产业数字化转型，需要提高数字技术在传统产业渗透的深度和广度，加强数字技术和业务的集成整合，从而提高数字技术在企业运行中的使用效率。数字经济对全球而言都是全新的领域，新一代数字技术赋予了传统产业新的生命力和创造力，政府应把握机遇，遵循产业发展规律，加强引导和规划，通过提高互联网、云计算、大数据、区块链等新型数字技术与传统产业的集成整合程度，形成有利于传统产业提质增效的数字化生态，并通过完善的数字化配套设施推进先进数字技术拓展与应用。工业互联网虽然在目前依然难以被广泛应用，但其仍是关键路径，应在稳步建设工业互联网平台的同时，依托新一代数字技术实现"数字中国"建设，从而实现数字经济与实体经济深度融合。

数字经济与实体经济深度融合依然需要依靠市场的力量。人口规模巨大是中国式现代化的特点之一，巨大的人口规模提供了巨大的市场规模优势，为中国数字经济和实体经济的发展创造了广阔的市场，同时也为二者的深度融合提供了得天独厚的社会环境和不竭动力。在政策实施落地的过程中，要重视市场的作用，智慧地发挥好市场和政府的协同作用。增强市场活力能够提高数字企业和实体企业的创新、竞争、发展动力，同时，市场在资源配置中起决定性作用，重视市场发展能够驱动资源配置效率的提高，保障市场透明度能够减少信息不对称带来的效率损失，减小融合进程中的阻力。

(三) 优化数字营商环境，构建匹配的数字监管体系

在数字经济与实体经济深度融合的进程中，与之匹配的营商环境和监管体系不可或缺，社会资本广泛参与有利于拓宽企业转型发展的多元化融资渠道。但资本的本质是追逐利润，数字技术的虚拟性质会诱使实体企业对高回报率的金融资产展开过度追逐，在经济上表现出"脱实向虚"，有碍于经济高质量发展。另外，完善监管体系，提高监管效能也是必要路径。数字平台以"通吃赢家"的地位破坏了市场秩序，对消费者、其他企业的权益造成了损害，要素自由流动和公平竞争的环境被破坏，不利于市场秩序的稳定。

优化数字经济与实体经济融合环境，首先，要突出政府在企业数字化转型中的引导作用，应重点关注实体企业的融资方向和各类支出，企业在产品研发、市场运营等多个方面的动向，合理引导企业通过将传统生产技术和资源与新的数字技术相融合来增强企业的核心竞争力，而非投资于高回报的金融资产，由此引导实体企业回归实业。

其次，要实现在监管模式上的创新和突破，深化对头部平台企业垄断行为的认识，为数字经济与实体经济深度融合提供监管保障。在数据监督和分析方面，新型数字技术的运用能够有效提高平台反垄断监管治理的准确性。如大数据能够规范引导数字经济与实体经济深度融合；区块链技术能够创建企业数据汇总平台，实时监督各类产业的投资动向；人工智能技术能够研判平台协议的合法性；新型数字技术能够综合实现平台垄断行为的监督治理，从而提升反垄断监管治理效率。

最后，要加强网络安全保障，规范跨境数据流动、跨境信息传递和数据交易。数据是新的生产要素，在数字经济与实体经济融合的进程中，要准确

把握数据的使用范围，守住"国家安全"和"公民隐私"两条数据红线，积极推进数据要素市场化配置改革。关于网络安全、数据确权、数据法治等问题，需要制定切实可行的规则，以强化网络安全，让数据流动更好地促进技术进步，为数字经济与实体经济深度融合提供安全的发展环境。

结束语

本书虽然对经济管理的多个方面进行了详尽的剖析，但仍有许多未知的领域等待我们去探索。理论与实践的结合是经济管理发展的关键，在未来的研究中，需要更加注重将理论与实践紧密结合，通过深入实践，不断丰富和发展理论。同时，也要关注新的经济形势和环境变化，及时调整和更新管理策略和方法。

最后，需要强调的是，经济管理是一个充满挑战和机遇的领域。只有不断学习、实践和创新，才能应对未来的挑战，抓住机遇，实现可持续发展。

参考文献

一、著作类

[1] 严立冬 . 21 世纪农业经济管理重点学科规划教材，农业生态经济学 [M]. 武汉：武汉大学出版社，2015.

[2] 冯蕾 . 中国农村集体经济实现形式研究 [M]. 北京：新华出版社，2016.

[3] 李秉龙，薛兴利 . 农业经济学 [M]. 北京：中国农业大学出版社，2015.

[4] 李青阳，白云 . 农业经济管理 [M]. 长沙：湖南师范大学出版社，2017.

[5] 罗静 . 中国农村集体经济发展困境及治理研究 [M]. 成都：四川大学出版社，2014.

[6] 马克思 . 资本论 (第 1 卷) [M]. 北京：人民出版社，1975.

[7] 马歆，郭福利 . 循环经济理论与实践 [M]. 北京：中国经济出版社，2018.

[8] 上海公务员考试研究中心 . 经济管理 [M]. 上海：上海财经大学出版社，2010.

[9] 王培志 . 农业经济管理 [M]. 济南：山东人民出版社，2016.

[10] 朱伏平，杨方燕 . 经济管理 [M]. 成都：西南交通大学出版社，2018.

二、期刊类

[1] 包西祥 . 农村集体经济组织财务管理问题的探讨 [J]. 农业开发与装备，2020(05)：9+11.

[2] 陈聪 . 电子商务环境下农产品物流管理创新策略 [J]. 中国管理信息

化，2021，24(18)：75-76.

[3] 董飞.推动农业经济可持续发展的分析[J].农家参谋，2020(12)：25-26.

[4] 郭惠君.关于农村集体经济组织财务管理问题的思考[J].中国集体经济，2021(11)：116-117.

[5] 韩文龙，俞佳琦.数字经济与实体经济融合发展：理论机制、典型模式与中国策略[J].改革与战略，2023，39(06)：65-78.

[6] 何剑.完善农村集体经济组织管理人员薪酬激励机制的探析[J].现代营销(经营版)，2021(04)：148-149.

[7] 黄天芸.新时期农业经济管理信息化水平的提升路径探索[J].河北农机，2023(12)：133-135.

[8] 贾海琴.提升农业经济管理信息化水平的思考[J].农机市场，2023(11)：78-80.

[9] 焦瑞昕.浅论新经济时代的知识经济管理[J].现代商业，2019(09)：104-105.

[10] 李虹贤.农业经济管理专业人才培养模式创新研究与实践[J].智慧农业导刊，2022，2(07)：110-112.

[11] 李涛.大数据在农业经济管理中的作用分析[J].中国集体经济，2023(04)：62-65.

[12] 李婷.提升农业经济管理信息化水平的策略分析[J].中国集体经济，2022(20)：45-47.

[13] 李婉婉.经济管理现代化及其发展新趋势研究[J].中国产经，2023(11)：132-134.

[14] 梁亚西.经济稳定与经济增长、经济发展之间的关系探讨[J].科技创新与应用，2014(09)：261.

[15] 林海仪.新时期农产品市场营销的模式构建[J].现代商业，2021(09)：6-8.

[16] 刘雪雪，杨志鹏.电子商务环境下农产品物流管理策略研究[J].中国储运，2023(05)：125.

[17] 刘长屯，艾云辉.农业经济可持续发展的问题分析[J].农村经济与

科技, 202334（20）：16-19.

[18] 乔英, 马少勇. 数字经济推动实体经济发展的影响与机遇 [J]. 中国商论, 2023（24）：15-18.

[19] 王婧. 农产品绿色物流管理策略 [J]. 世界热带农业信息, 2022（01）：75-76.

[20] 王善农. 农业大数据在农业经济管理中的应用分析 [J]. 农家参谋, 2022（18）：64-65+89.

[21] 王文斌. 新经济时代知识经济管理的发展方向 [J]. 中国中小企业, 2020（06）：207-208.

[22] 温凤媛. 数字经济与实体经济融合发展研究 [J]. 沈阳师范大学学报（社会科学版）, 2024, 48（01）：68-73.

[23] 吴秀芳. 农业经济可持续发展问题分析 [J]. 农家参谋, 2022（03）：120-122.

[24] 杨欣如, 杨欣意, 许昌荣. 经济管理现代化和发展趋势研究 [J]. 中国产经, 2023（07）：117-119.

[25] 于丽娟. 农业经济管理对农村经济发展的影响 [J]. 新农业, 2022（18）：75-77.

[26] 俞红. 新经济时代知识经济管理的发展趋势分析 [J]. 中国管理信息化, 2018, 21（24）：153-154.

[27] 张林娟. 构建循环经济管理模式的研究 [J]. 中国市场, 2018（32）：97-98.

[28] 赵林. 中国农产品市场风险的管理 [J]. 北京农业, 2013（24）：256.

[29] 郑海燕. 电子商务环境下的农产品物流管理 [J]. 农业经济, 2017（09）：117-119.